书山有路勤为径，优质资源伴你行
注册世纪波学院会员，享精品图书增值服务

精品课程是怎样炼成的

田俊国 ◎ 著

电子工业出版社
Publishing House of Electronics Industry
北京·BEIJING

未经许可，不得以任何方式复制或抄袭本书之部分或全部内容。
版权所有，侵权必究。

图书在版编目（CIP）数据

精品课程是怎样炼成的 / 田俊国著. —北京：电子工业出版社，2014.4
ISBN 978-7-121-22215-3

Ⅰ.①精… Ⅱ.①田… Ⅲ.①企业管理－职工培训 Ⅳ.①F272.92

中国版本图书馆 CIP 数据核字(2013)第 308816 号

责任编辑：晋　晶
印　　刷：河北虎彩印刷有限公司
装　　订：河北虎彩印刷有限公司
出版发行：电子工业出版社
　　　　　北京市海淀区万寿路 173 信箱　邮编 100036
开　　本：720×1000　1/16　印张：16.5　字数：161 千字
版　　次：2014 年 4 月第 1 版
印　　次：2025 年 11 月第 39 次印刷
定　　价：45.00 元

凡所购买电子工业出版社图书有缺损问题，请向购买书店调换。若书店售缺，请与本社发行部联系，联系及邮购电话：（010）88254888，88258888。
质量投诉请发邮件至 zlts@phei.com.cn，盗版侵权举报请发邮件至 dbqq@phei.com.cn。
本书咨询联系方式：（010）88254199，sjb@phei.com.cn。

推荐序一

梁能

中欧国际工商学院教授

中国管理研究国际协会副会长

对于本书的大多数读者来说，建构主义也许不是一个很熟悉的概念。但是，只要你的工作与学习、教育有关，建构主义其实每天都体现在你的身上。

传统的学习理论把学习看成一个知识传授的过程，也就是韩愈所谓的"传道、授业、解惑"。在这个过程中，传授者是老师，传授对象是学生，传授内容是关于客观世界的知识。从这个角度来看，学习就是知识搬家，即把老师头脑中或书本上的知识搬到学生的头脑中。如果用计算机来做比喻，学习就是往计算机上加载各种各样的应用软件。一台计算机加载的应用软件越多，它的功能就越强、越有用。这种知识搬家的学习理论，对于数据性的、事实性的知识学习，有它存在的合理性。中国学习的"背书"传统、考试传统，所谓有学问就是"学富五车"的观点，都是这种理论的体现。

但是，这种知识搬家的学习理论也有非常大的局限性。学习的目的归根结底是要改变人的行为，而要改变人的行为，最重要的是改变驱动人们行为的认知方式、感知方式。任何知识，作为一种外部信号，只有在一种认知体系中才能产生意义，就像任何一个导航信号，只有在一套准确、精密的导航体系中才有意义。问题是人生、社会并不存在这样一种导航体系。外部世界是一种客观存在，但是对于每一个个体来说，外部世界是未知的，而且在事实上是不可知的。我们每个人只能按照自己的主观经验、主观感受，在自己头脑中构建一份主观地图、主观导航体系。我们借助这种构建在主观体验上的世界模型，来解读外部世界的信号，为自己在外部世界的迷宫中导航。如果还是用计算机来做比喻，真正重要的学习是对计算机操作系统的改造和升级，而不是应用软件的加载。因此，最重要的学习就是改变学习者头脑中关于客观外界的主观架构。这就是建构主义学习理论的基本观点。

借用麻省理工大学人工智能科学家、教育家佩格特教授的话来说，学习的本质是对学习者头脑中认知模式的改造，而不是知识的转移。可以这么说，对于已经具有丰富人生经验，对于外部世界和个人内心世界已经形成了自己的主观"模型"、主观"地图"的成年人来说，更重要的学习是对个人认知感知模型的改造和更新。在这个过程中，学习的主体是学员，因为要改造的是学员本人的主观世界,学习的过程主要是行动性的、经验性的、反思式的,而教师的角色是辅导性的,虽然教师的作用非常重要。本书就是作者田俊国多年在用友大学实践建构主义学习方式的心得总结。

我认识田俊国,是在中欧国际工商学院 EMBA 的"毕业模块"的课堂上。中欧 EMBA 有一门非常独特的课程,叫做"战略模拟与行为反思"。这是中欧 EMBA 的毕业模块,也是中欧唯一一门由两位教授同时执教的课程。EMBA 学员在所有功能性课程学完之后、毕业之前,利用计算机战略模拟对抗的方式,在非常接近实战的条件下,通过战略对抗的形式,系统复习、综合应用、融会贯通两年来所学的一切所有管理知识。同时,在对抗赛的实战压力下,团队成员之间会发生不可避免的认知模式、感知模式的冲撞和争论;任课老师以这种争论为抓手,引导学员对自己的人生地图、心灵罗盘展开反思。从知识转移的角度来说,这门课并没有教授多少新知识,至多只是温故知新。但是,对于学员反思自己的主观地图,调整自己的心理导航仪,促进作用非常大。

我仍然记得田俊国在这门课上,分享自己幸福观时说的话。他说,建构主义的培训使他感到幸福,因为他相信,建构主义的培训真的可以帮助受训者改变自己的人生。对他而言,人生的幸福就是当他去见马克思的时候,会有一万个人为他点起蜡烛,感谢他帮助受训者改变了自己的人生。这一席话给我留下了非常深的印象。后来我又在一本期刊上读到了田俊国关于"精品课程是这样炼成的"

的文章，非常敬佩他对于管理培训的热爱和投入，他对于开发精品课程的执着和专注。

作为一名有25年教龄的教师，我希望看到越来越多的管理教育工作者突破知识性学习理论的局限，把更多的注意力转移到帮助企业家、经理人反思、"再建构"自己的主观架构上来。如果您也在尝试建构主义的教育探索，我向您推荐他的这本新书。您也许未必完全同意他的对建构主义的解读，但是一定会从他的建构主义实践得到很多启发。

推荐序二

邰慧

惠普商学院院长

"伏久高飞,厚积薄发",这是田俊国校长的座右铭。初看这八个字,人们头脑中往往浮现出一位温文儒雅的年长学者形象,但不久前与田校长的一次不期而遇,出现在我眼前的却是一位沉稳内敛而又词锋犀利的职业经理人。

我曾详阅过他广获好评的《上接战略,下接绩效:培训就该这样搞》一书,近来又拜读了其新作《精品课程是怎样炼成的》,深感本书理论实践相得益彰,古今中外兼收并蓄,字里行间洋溢着作者对企业教育事业的激情和使命,充满对现行教育体制的深邃思考,一个集知者和行者于一身的丰满形象在我头脑中愈加清晰起来。

"以学员为中心,紧贴业务实践,实战实效,精益求精"是企业培训精品课程的主要特征。精品课程是开发与实施的无缝衔接,是理论和实践的高度统一,是逻辑、内容和形式的完美结合。打造精品课程，最能体现企业教育工作的价值，也最需要慢火煲汤持续优化。作为资深教育工作者，田俊国在本书中对打造精品课程的全过程进行了系统梳理，既有前沿知识理论，又有实操套路方法，其中不乏独到见解和创新思维。作为同行，每每因书中精彩之处的思想共鸣和方法默契倍感畅快。本书引经据典，行文流畅，其系统性、实用性及思想性俱佳，是一本颇具可读性的好书！

探索适合当代中国企业特点规律的人才培养之路，是我辈企业教育工作者的时代使命和共同理想。田俊国的职业精神和探索勇气令人钦佩，他在本书中论及的体系和方法，值得我们共同借鉴。

自 序

> 老师是一个富足的职业,传道授业并非"燃烧自己,照亮别人"蜡烛般的牺牲,而是照亮别人,更能富足自己的双赢过程。我们收获的不仅仅是来自学生的感恩,还有自己日趋成熟的心智和富足的心态,以及随之而来的效能感和幸福感!

无效教育是最严重的资源浪费

在我的课程开发课堂上,经常让学员回忆其从小到大体验过的一堂印象极深的课,并回答为什么该课程让你印象如此深刻。学员大多本科毕业且工作多年,他们从小到大上过至少两万小时的课。

遗憾的是，很多学员居然搜肠刮肚找不出一堂生动课程的记忆。我感慨道：全世界范围内都没几个像中华民族这样刻苦好学、尊师重教的民族，而绝大多数人对上课的回忆却是和痛苦联系在一起的。对学员来讲，很多课堂用"煎熬"二字形容一点也不为过。

在我的课堂上，还经常和学员做这样一段互动。

老师：邀请大家一起算一笔账。请问，此时此刻（一般是工作日的上午或下午）全国有多少公民在课堂上？

学生：有回答几千万的，有回答上亿的，也有回答三亿左右的。

老师：估计应该有三亿以上吧，因为教育部袁贵仁部长在十八大期间曾经说我国光在校生就2.7亿，比许多国家人口都多。加上在职学习的，一定超过三亿。

学生：哦。

老师：请问，这三亿在课堂上的公民中，处于老师应付学生、学生应付老师，即学生老师相互应付状态的比例是多少？

学生：有说90%的，有说80%的，有说70%以上的，有说至少一半的。

老师：不管百分之多少，都是一个很大的数字。现在请你们想象一下，如果处于应付状态的师生去干点有意义的事情,哪怕去搬砖,一早上能搬多少块?

学生:#￥%@*&

老师:这些人可都是劳动力呀!我们经常说,我们国家快速发展过程中的资源浪费严重,其实最严重的资源浪费是无效教育的浪费!

师生习惯于填鸭和被填

一百年前,张之洞说过一句话:"世运之明晦,人才之盛衰,其表在政,其里在学。"我想,今天国家发展中遇到的种种问题和挑战,和过去几十年的教育缺失不无关系。同样,未来国家的发展和中国梦的实现,很大程度上要靠今天的教育。钱学森去世前问道:"为什么我们的学校总是培养不出杰出人才?"乔布斯去世之后,又有人问:"为什么中国培养不出乔布斯这样的人才?"

这两个问题的答案要从我们的课堂中找。今天,我们的老师习惯了填鸭式的授课,学生习惯了当鸭子被填。老师在讲台上照本宣科,根本不用考虑学员的反应,内容宣讲完毕老师就万事大吉了,而学员也习惯了当木头桩子,人规规矩矩地端坐在座位上,心云游到哪里却无人得知,听不听都不重要,只要考试及格就算功德圆满。

老师讲到了，就当然地认为学生应该了解；老师论述了，就当然地认为学生应该理解；老师演示了，就当然地认为学生应该掌握。

我对这样的课堂有一个比方：就像一位羽毛球教练陪学员练球，教练发的每个球学员都接不住，结果，教练发了一下午球，学员则捡了一下午球。请问这个学员下次有兴趣继续玩这样的游戏吗？我们传统的课堂就好比那位羽毛球教练兀自不断地发球，根本不考虑学生是不是接得住、回得过来，教练当然可以挥洒自如，而学员却索然无味，能有乐趣吗？更严重的是，我们的教育在一个无尽的恶性循环中不能跳出，老师习惯了填鸭，学生习惯当木头桩子，学生工作了又当老师，他们再教自己的学生自然又是填鸭，他们认为他们的学生也理应当木头桩子，就这样循环无端，周而复始，大家都见怪不怪了。

积极且持久的改变从内心开始

学习是有机体为了获得持久的非生理性变化所做的努力过程。学习意味着一种持久的改变，而改变的必要条件是学习者自己愿意改变。只有学习者充分参与、积极思考，自己想明白了，真正持久的改变才可能发生，积极且持久的改变从内心开始。这些道理似乎真成了"天下莫不知，莫能行"了。如何能够让课程摆脱枯燥？如何能够让课堂生动？是我常问自己的问题，也是我写这本书的最大动因。其实这两个问题在教育学、认知心理学上有现成的答案。高校的教育类专业也开设教育心理学、教学设计原理之类的课程，遗憾的是，理论归理论，实践归实践，即便师范科班出身的老师也不能将其所学很好地迁移到他们的授课实践中去。

曾经有一位名校的师范类硕士生听我讲完建构主义后感慨地说："建构主义的理论我并不陌生，大学里有专门的课程，只不过我们的老师用认知主义的方式灌输这些理论，而你是用建构主义的方式传授建构主义的理论。"我也曾经应邀去高校做分享，事后有一位老师私下里跟我聊道："田老师，不是我们不想按你的想法上课，现实情况是，即便我们完全按照你所谓的建构主义上课，我们也得不到好的评价。因为论文和科研成果才是考核我们的大头，老师现在都是应付课堂，把时间用来搞课题、写论文呢，科研成果才是评职称的关键。"

在生存压力和利润动机的驱动下，多数社会培训机构更乐意充当"课程贩子"的角色，把讲师和课程推介给企业，赚取中间的差价。有几个社会培训机构愿意潜下心来做研究、开发几门像样的课？一位在培训圈混迹多年的朋友谈到课程开发时说："中国现在的培训市场还是卖方市场，只要有几张名嘴，有一些料，课程名称起得炫一点，一吆喝就会有人花钱来听，谁还愿意花成本、下工夫去开发课程呀？"有人更露骨地形容说，现在的培训市场还是"钱多、人傻、速来"的格局。

企业的培训工作人员大多扮演着课程采购专员的角色，他们习惯了照方子抓药。业务部门要什么课就采购什么课，至于课程与组织战略是否匹配，对绩效是否有实质性促进，则无须过多考虑。有一回我给 HR 人员讲："要从具体的课程需求追溯到业务战略，与战略没有逻辑关联的培训可以不搞。"后来有一位 HR 同仁跟我分享："田老师，您看业务部门那么强势，他们要什么我们就采购什么对我们来说是最省事的，如果我们非要按你的方法，只做跟战略紧密相关的培训，岂不是得罪人吗？我理解您这么做是为了把好钢用在刀刃上，可是我们小小的培训专员，不管业务完成好坏都拿那么一点死工资，我何苦得罪人呢？况且，业务人员完成任务越好，在公司越咄咄逼人，根本不买培训的账，反倒逼得我们更没有地位。"

难道，院校、社会培训机构、企业自身培训部门都缺乏把课堂搞得更实效的动力？

培训做专业，企业大学是立足之本

好在这几年国内兴起了企业大学潮。很多企业大学校长都思考过这样的问题：如何让企业大学和传统的培训部不一样？我的观点是：一要尽可能发挥更大的价值；二要尽可能专业。认识到培训做专业是企业大学立足之本，自然就能想深入到教育学和心理学中去。

事实上，过去几十年，人类对自身的研究有了很大的突破，比如左右脑的发现、建构主义的教学主张、对情绪的深度认知、人类思维的逻辑层次、社会心理学的研究……而把这些研究成果应用到教学实践中去，就会释放出巨大的能量。我一向认为：大自然的法则是能量法则，而人们内心蕴藏的能量是能量的最高存在，思想的能量比核能还要有威力，而研究人类认知本身的规律，并利用这些规律提高人们认识自然和改造自然的水平和效率，是最有意义的事情。把教育学、心理学研究的最新成果和企业内部培训的实践结合起来，用最先进的理论指导实践，在实践中检验和丰富理论，对我来讲是极有意义的事情，它能调动我几乎所有的内在动力。

谈谈这本书

本书更像教学设计原理、教育心理学和我的教学实践结合而成的个人认知建构的汇报。理论基础其实书上都有，多数的案例是我在课程开发和上课的真实实践。比起生涩的教育学专业理论书籍要更易读，结合实践更紧密；比起野路子的经验介绍更多一些体系化的梳理和通透的分析。如果要给本书一个独特的标签，我想比较恰当的应该是：这是一本爱学习的实践者的教学设计实战演习报告。我做的所有努力，都是为了让学生的学习更主动，让课堂更有意思。

教育学是一个实践性很强的学科。我常给讲师说:"课堂上,你在帮助学员建构他们认知的同时,他们也在帮你建构你的课程。"真正好的课程是在教学实践中一点一点改进完成的,脱离了课堂的课程开发是闭门造车,课堂上学生的真实反馈对我们的课程持续优化起着决定性的作用。《组织学习》的作者阿吉里斯说:"感谢我的学生们,我从他们身上学习甚多。"老师是一个富足的职业,传道授业并非"燃烧自己,照亮别人"蜡烛般的牺牲,而是照亮别人,更能富足自己的双赢过程。我们收获的不仅仅是来自学生的感恩,还有自己日趋成熟的心智和富足的心态,以及随之而来的效能感和幸福感!

本书共五章。第一章介绍了精品课程开发的理论依据——建构主义,提倡在老师指导下,以学习者为中心进行学习。第二章阐述了知识、技能、态度这三种能力的教授应该用不同的教授方式。第三章论述了教学设计不仅要对不同的教学内容采用不用的教学策略,更要在形式、逻辑、过程三个方面推陈出新。第四章是在前三章的讲授基础上,进行系统整合和过程编排,真正呈现出什么样的课程才是精品课程。第五章则是对课程开发议题的延伸论述,讨论如何快速结合业务,如何助力人才培养。

谨以此书献给天下所有的老师和教育工作者,但愿它能启迪您的智慧,让您的教学设计更合理,让您的课堂更有魅力,使更多的学生从中受益。

感谢我中欧的老师梁能教授、企业大学的同行惠普商学院院长郜慧老师百忙之中为本书赐序，他们的推荐是对我莫大的激励。感谢我的老友河北通信建设有限公司副总经理张树桥先生，他作为本书的第一位读者，提出很多中肯的意见和建议。受本人阅历和实践的限制，书中难免认知局限，疏漏缪说肯定不少，读者只需撷取其中自认为合理的即可。借用建构主义大师杰根的话："我所说的一切都没有意义，除非你认为它有意义。"欢迎广大读者批评指正，更欢迎大家关注我的公众微信：老田培训讲坛。

我愿将此书作为教学爱好者参与长期社会协商的邀请函，让我们用互联网的形式持续探讨，共同建构下去。

田俊国

目 录

第一章 教学、课堂、课程的重新定义 ………………………………… 1

一、认知的假设决定教学的主张 …………………………………………… 2

    1. 从行为主义到建构主义 ……………………………………………… 2

    2. 世界是感知和建构的世界 …………………………………………… 6

    3. 将建构主义当成一种信仰 …………………………………………… 12

二、好课堂犹如拉风箱 ……………………………………………………… 20

    1. 传统课堂：一个巴掌拍不响 ………………………………………… 20

    2. 理想课堂：学员建构的道场 ………………………………………… 22

    3. 五星教学：师生要拍花巴掌 ………………………………………… 26

三、课程开发像造拉链 ……………………………………………………… 30

    1. 好课堂是师生合作的结果 …………………………………………… 31

    2. 好课程要气血顺畅 …………………………………………………… 34

    3. 当烈火遇到湿柴 ……………………………………………………… 38

4. 五星与"五行"的珠联璧合 ································· 41

第二章　知识、技能和态度要区别对待 ························· 45

一、人类对自身认知的突破 ································· 46
　　1. 大脑运作机理决定了教学分类 ························· 49
　　2. 撬动绩效的杠杆 ····································· 51

二、知识学习贵在有效提取 ································· 54
　　1. 有效提取是掌握知识的标志 ··························· 54
　　2. 掌握知识的五大策略 ································· 57
　　3. 知识学习的三道坎 ··································· 65
　　4. 知识积累的加速效应 ································· 66

三、技能掌握要看自动反应 ································· 69
　　1. 潜意识反应是掌握技能的标志 ························· 70
　　2. 掌握技能的五大策略 ································· 75
　　3. 养成习惯的三要点 ··································· 80

四、态度改变需要价值重定位 ······························· 82
　　1. 态度背后有台阶 ····································· 83
　　2. 态度改变故事会 ····································· 85
　　3. 影响态度的五要素 ··································· 88
　　4. 改变态度的五大策略 ································· 95
　　5. 多管齐下 ··· 99

第三章　形式、逻辑、过程可无限创新······101

一、给学员丰富而深刻的体验······102
1. 持续抓住学员注意力是课程设计的关键······102
2. 丰富而深刻的体验才能促进转变······104
3. 逻辑给左脑，过程给右脑······107

二、形式：精彩演绎无极限······109
1. 形式创新故事会······110
2. 好形式的五大标准······115
3. 让人从概念中获得直接体验······120
4. 向宣教主义说"不"······123

三、逻辑：错落有致的贯穿······126
1. 好课程必须有好逻辑······127
2. 五大基本逻辑······131
3. 从混沌到有序······134
4. 帮助学员建构自己的逻辑······136

四、过程：张弛有度的编排······139
1. 过程设计的三足平衡······140
2. 过程设计五大策略······143
3. 开发是科学，授课是艺术······149

第四章　精雕细琢的全过程彩排······153

一、需求要深入挖掘和理解······154

- 1．课程效果不佳有原因……154
- 2．培训需求的三个层面……157
- 3．满足需求的两大策略……158
- 4．培训需求访谈法……161
- 5．适合的才是最好的……165
- 6．确定课程总体目标……168

二、目标是课程开发的起点……170
- 1．四两拨千斤的课程目标……171
- 2．目标表述看表现……173
- 3．表现性目标的表达……176

三、内容要围绕目标充分延展……179
- 1．主题阅读：间接经验的汲取……180
- 2．SCORE法则：实践案例的采撷……184
- 3．回眸反顾：紧盯目标不放松……191

四、工艺设计的创新实践……194
- 1．逻辑梳理有诀窍……195
- 2．形式创新无极限……197
- 3．过程编排靠试讲……199

五、效果评估与持续改进……202
- 1．教学评估设计……203
- 2．课程的持续改进……207
- 3．学员体验路径图……209

第五章　跳出课程开发看课程开发 ·· 213

一、面向业务问题的敏捷开发 ·· 214
1. 有方向即可组织研讨 ··· 215
2. 有问题即可开研讨班 ··· 218
3. 研讨成果加工成课程 ··· 219
4. 课堂也可以建构课程 ··· 220
5. 课程不厌百回改 ··· 221
6. 持续强化的评估和培训 ·· 222

二、短平快的微课程 ··· 224
1. 微学习将是常态 ··· 225
2. 微课程也要五脏俱全 ··· 227
3. 碎片和体系 ·· 230

三、从课程开发到培养项目 ··· 231
1. 学习的境界 ·· 231
2. 培养项目的不同 ··· 233
3. 虚拟社区交流也是学习的重要途径 ······························ 237

参考文献 ·· 240

第一章

教学、课堂、课程的重新定义

建构主义提倡在老师指导下的、以学习者为中心的学习。老师是意义建构的帮助者、促进者，而不是知识的传授者与灌输者。学生是信息加工的主体、是意义的主动建构者，而不是外部刺激的被动接受者和被灌输的对象。课堂则是一个供所有学生对某些知识进行建构的道场。

一、认知的假设决定教学的主张

> 学习是透过教授或体验而获得知识、技术、态度或价值的过程，从而导致学员可量度的稳定的行为变化。更准确一点来说，学习就是建立新的精神结构或审视过去的精神结构。

学习是人们获得知识、技能、态度的过程。学习的最终目的是让学生产生稳定的非生理性的变化。培训只是学习的一种较正规的形式，没有培训，学习也会自然而然地发生。这一点似乎已经得到了共识。而在教学实践中，如何促进学员产生非生理变化的具体方法和途径上，却有过不同的主张。

1．从行为主义到建构主义

最早人们发现，用反复刺激强化的方式可以让人产生稳定的行为变化。巴甫洛夫利用狗的条件反射训练狗的行为；斯金纳则发展了强化理论；桑代克用猫做了试错实验，总结出著名的三大学习定律——准备律、练习律和效果律。这就是行为主义的教学主张：准备越充分、练习次数越多、行动效果越明显，越有利于刺激-反应之间的稳定联结形成。行为主义不研究大脑的信息加工过程，就像外科大夫只管其表，不问其里，想让学员产生某种行为，就给予相应的外部刺激，反复强化，形成某种固定的刺激-反应模式，最终完成学习。我把这种教育方法比喻为驯兽主张。

后来人们发现，其实大脑有严谨的结构，对于不同的信息，人们的处理方式也不同，这就有了认知主义。认知主义更注重大脑对信息的加工过程，由于人们对态度、技能、知识的接收和加工方式不同，因此根据大脑对信息的接收、处理、存储、提取的规律，人们用不同的方法来传授不同类型的知识。

认知主义就像在人的大脑中盖房子，我称为砌墙主张。按说这种主张深入研究了大脑的机理，应该比行为主义更科学、更先进，然而其严重的问题是把学员当成一个被动的容器，忽视了学员在学习过程中的主导性。这就有了建构主义。

建构主义认为，每个人都有自己独立的信念和价值观，每个学员都带着自己独有的经验、价值观、信念习惯来到课堂，课堂就是一个供所有学员对某些知识进行建构的道场，老师如同司仪，在课堂上只要给学员们输入信息、情境，组织学员结合自己以往的经验和知识对信息和情境进行意义建构，从而形成新的认知。建构主义认为，学员是学习的主体，知识是学员主动建构的结果，学员自己总结和发现知识的价值和意义的过程中伴随着学员之间的意义协商。

行为主义就像园丁拿剪刀剪花，动外科手术，强行把花草剪成人所希望的样子；认知主义更像在西瓜还很小的时候，给西瓜套个方形的外罩，目的是把西瓜装进人们预设的容器里，最后长出方形的西瓜；而建构主义更像浇花，更尊重植物的本性，我们没办法控制一盆花长成什么样，花的生长由它的基因、根系等因素决定，花以花自己的方式成长。人们能做的是给它应有的养分、水、土壤、空气、环境、阳光等，然后它在这样的环境下自由生长。所以，我用浇花来隐喻建构主义的教学主张。

以上就是教育学发展的大概脉络，从行为主义到认知主义，再到 20 世纪 90 年代大力发展的建构主义，不过百年的时间，尤其是建构主义的发展才是近二三十年的事情。这些教育主张是对学习的基本认识和假设，假设不同，方法和行动也不同。举个例子说明其中的道理。

服务行业要求服务员对顾客面带微笑，培训的目标是服务员见到顾客如何笑容可掬。

行为主义的做法可能是做一个标准的微笑样子，嘴角微翘，露出八颗牙齿，用正负强化的方式，动作做对了就奖励一个小红花，做错了就要拿戒尺打。你想，胡萝卜加大棒训练出来的笑容，能真诚吗？也许服务员心里骂着娘，却要强忍负面情绪嘴角上翘、露出标准的八颗牙齿。行为主义的做法就是这样，不探究学员内心的感受，只要求动作上的变化，并不断强化，直到形成稳定联结，动作固化。

认知主义则要研究大脑控制微笑的过程及微笑的机理，微笑是动作技能，首先要大脑发布指令，然后微笑肌拉动嘴角上扬，张嘴的幅度以露出八颗牙为宜。讲师让学员理解微笑的原理和流程，掌握微笑肌拉动的方法和技巧，还要交代一些注意事项，给学员灌输了微笑大全。尽管学员天天都在笑，但从来没琢磨过按照老师讲述的微笑原理和流程微笑，经老师讲解才知道微笑还有这么大的学问，学员反倒不会微笑了。

建构主义则主张积极且持久的变化必须从内心做起，根本没必要强调标准的笑容要露几颗牙齿，更没必要剖析微笑的原理，分解微笑的动作步骤，而是让学员一起讨论客户的价值和应该如何对待客户。如果学员真正理解了客户是衣食父母，看见衣食父母便会自然而然地流露出微笑，不管这个微笑露几颗牙齿，是不是合乎标准，但有一点是可以保证的，那就是这样的微笑是发自内心和真诚的。

所以，对学习的主张不同，则教育的方式也完全不同。道的问题是最重要的，道对了，术的问题就好解决，甚至无须解决。尼采说过："知道'为什么'的人几乎能够克服一切'怎么样'的困难。"同样的情境可以在市场上琳琅满目的 TTT 培训课堂上看到，TTT、销售技巧和沟通技巧是中国市场上最泛滥的课程，差不多是个讲师都能讲，名字都叫 TTT，内容却差异巨大。有的用行为主义的方式训练发声技巧和肢体语言，有的用认知主义的方式大讲特讲教学原理和控场技巧，而我则主张用建构主义的思想，用两三小时让学员理解和接受建构主义，学员一旦把建构主义当成一种信仰，站在讲台上的底气就不一样了。我常说讲师最大的敌人是自己，一旦自己放开了，课堂上能释放出巨大的能量。

2．世界是感知和建构的世界

建构主义的世界观认为：世界是人们感知和建构的世界。核心观点很接近中国明朝王阳明先生所创立的心学，阳明心学的三个核心主张：心即理——世界是人心中的世界，每个人内心认为的道理才是道理；知行———每个人按自己的认知采取行动，知行不能合一还是因为认知不够；致真知——人们要不断地提高自己的认知水平，达到真知良知，最终做到知行合一。其哲学基础是主观理性主义哲学。康德认为世界本来就是客观存在，所谓的秩序是人们按照自己的喜好建立的秩序。

建构主义对知识的客观性和确定性提出了质疑，认为个体的知识是由学习者建构的，人们对事物的理解不仅取决于事物本身，同时取决于建构者的经验背景和信念系统，事物的感觉刺激本没有什么意义，意义是人赋予的。更重要的是，人们会根据自己赋予的意义来解读世界，形成属于个体的认知，每个人都以自己的认知做决策。激进建构主义者格拉塞斯菲尔德甚至认为：绝不否认客观的世界存在，但是没有人能够准确地描述这个客观世界，因为一描述就有了主观的色彩。每个人的遗传基因不同、生长环境不同、经历经验不同、价值观不同，所以对同样事情的认知也就不同。

人们对外部世界的感知也是选择性的，自己关心什么就会感受到什么，同样走进一间房子，搞建筑的可能就关注房屋的结构，搞设计的则关注房屋的色彩和布局，搞文物鉴赏的可能一眼就看到某个角落的一幅字画……而对其他自己不关心的事情则熟视无睹。每个人心中的目标或问题左右着人对环境的感受。我们的潜意识一直帮助我们物色需要的目标，射击运动员眼里的世界就是一个靶心，球场上足球前锋眼里的世界就是一个球门，有太多的案例证明人们对世界的感知是选择性的。心理学家丹尼尔·西蒙斯做了一个著名的实验：

> 在课堂上，讲师要求学员带着任务去看一段大约一分钟的视频，视频的内容很简单，就是有6个人分成黑白两组在一个房间中相互传球，任务是让同学们数一数穿白颜色衣服的球员一共传了多少次球。一分钟的视频画面中：3个白衣球员互相之间传一个球，另外3个黑衣球员传另外一个球，六个人边传球边穿插移动，这就要求学员认真盯住白衣球员以免数错。
>
> 传球结束后讲师问大家，白衣球员共传了多少次球，有人说18次，有人说17次，有人说15次……讲师猛然间

> 问大家一个问题："除了黑白球员传球之外，你还看到了什么？"学员们纷纷摇头，通常一班只有一两个学生说似乎看见一个黑猩猩。这时候，讲师把视频再放一遍，还是一分钟，这一回全班同学都看见了黑猩猩，同学们都满脸惊奇，张大了嘴。视频中确实有一个硕大的黑猩猩中途从容走出，还做了一个扮鬼脸的亮相动作，再从容离开。
>
> 讲师不失时机地问大家一个问题："为什么第一次放视频的时候，大家都没有看见大猩猩呢？"有同学说："光顾了数传球了，根本没顾上看黑色的球员。"

这个视频很有力地证明了世界是人们感知的世界，我们关心什么就看到什么，对我们不关心的事情通常熟视无睹。我们越专注数传球次数，越会忽略其他显而易见的线索。

不仅我们对世界的感知是选择性的，而且每个人对感知到的事物都会结合自己的经验甚至当时的情绪做出个性化的解释。

一个心理治疗师给病人所做的罗夏投射测验，很好地证明了人们所感知的事物解释的主观性。罗夏投射测验是给被测试者呈现一个模棱两可的刺激：把一张柔软的纸对折，在折线上滴一滴墨水，墨水洇透纸张并任意扩散，展开后自然成为模棱两可的准对称图像，要求被测试者对自己所看到的图像进行随机的解释，被测试者便会把自己的潜意识投射出来，每个被测试者都做个性化的解释，洞察到被测试者无意识的认知倾向。讲一个有趣的罗夏投射测验故事。

> 一位心理治疗师给一位病人展示罗夏墨迹图片,看完第一张。
>
> 治疗师:"你看到了什么?"
>
> 病人不好意思地回答:"性。"
>
> 治疗师换了张图片,问:"这回看到了什么?"
>
> 病人:"还是性。"
>
> 治疗师换了四五张图片都得到了同样的回答。治疗师摇摇头,评论说:"看来,你的大脑已经被性占据了。"
>
> 病人却更为吃惊,生气反问:"分明是你呈现了这些猥亵的图片给我看,怎么反倒说我被性占据了?"

这个故事虽然有点夸张,却也很生动地描述了心理投射的主观性。由此说明,人在不同状态下看到的世界是不同的。格式塔心理学中有一个重要的概念,叫做痕迹。意思是说人的大脑中保存着曾经感知过的外部世界各种事物的痕迹,新的感官刺激被传送到大脑后,大脑会自动把这些刺激和已有的痕迹进行匹配,以至于我们看到一只老虎耳朵即可以判断背后有一只老虎,看到一只手即可以判断背后有一个人。神奇的是,在这个匹配过程中,我们的大脑发挥着很重要的主观能动性,会根据环境、经验、习惯等因素选择不同的匹配范式,同样的东西,在不同的环境中匹配的结果不同。

手写一个大写字母 B,如果两笔写得松散一点就像数字 13,当人们看到它的时候到底解读成字母 B 还是数字 13,大脑就会充分考虑环境和经验等因素。如果出现在字母 A 和 C 的中间,毫无疑问它是字母 B;如果出现在 12 和 14 中间,则它又被解读成数字 13(见图 1)。

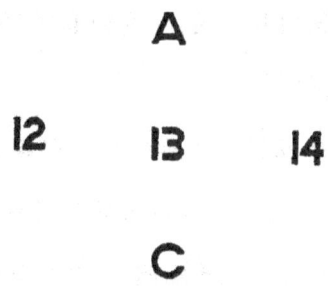

图 1　环境匹配结果

这种解读不仅跟环境、经验、习惯有关,而且跟解读人的心情也关系极大,心情不好的时候看什么都是灰蒙蒙的,心情好则相反。文学作品、影视作品等经常用情境衬托主人公的心情就是这个道理。到现在为止,我们可以理解:人们心中所想不同,不仅捕捉到的信号不同,而且对信号的解读也会不同。可见,世界是人心中的世界。

接下来,我们讨论一下人们根据感知和自我解释的结果进行决策的过程,诺贝尔经济学奖获得者丹尼尔·卡尼曼是这方面的权威,他的核心主张是人的理性是有限的,我们决策过程中掺杂着非常感性的因素。在他最新的著作《思考,快与慢》中,把直通右脑的感性部分概括为系统Ⅰ，把左脑负责的理性部分概括为系统Ⅱ。系统Ⅰ通常反应迅速，但通常不够理性和准确，根据经验进行匹配和决策；系统Ⅱ虽然理性精确，但喜欢处理新奇特怪的情况，常规的情况就授权给系统Ⅰ。因此我们的决策通常都是感性的，但多数人却喜欢号称自己是理性决策，实际上经常是先感性决策了，然后再找一堆理由让感性的决策合理化。举一个感性决策的例子。

> 假如有一种治疗某疑难杂症的新药，治疗失败导致病人死亡的概率是万分之二。作为病人，你会选用这种药吗？绝大多数病人会选。因为这个句子是一个理性的表述，人们用左脑接收并解读这些信号，会解读为这种药治愈率蛮高，风险不算太高，可以采用。然而，要是换一种表达，说用这种药的危险是每一万人中有两人会出现口吐白沫、全身抽搐皮肤溃烂的症状，最后非常痛苦地死亡。很多人就不敢用这种药了。因为生动形象的信息通常是右脑处理的，听到这种说法，我们的大脑会马上出现一个惨不忍睹的图像，这个图像给人很可怕的感觉以至于我们忽视了万分之二的数字概率。人们临决策的关键时候大脑会经常出现一个逼真的图像，这个图像可能毫无根据和逻辑，但实实在在地影响着人们的决策。

所以，建构主义很注重学员内心图像的变化，主张改变要自内而外，然后再逐渐辐射出来，最后达到知行合一的真知境界。今天国内的企业都喜欢谈转型，而从建构主义的观点来说，所谓的企业转型，最终会演变成企业家自己转心，转型中最难的事是企业家自己内心的转换。鲁泰斯说：任何积极且持久的转变必须从内心开始。而斯蒂芬·柯维则在他的《高效能人士的七个习惯》中提出，人类创造分两个步骤的论断，即第一次创造是心智模式的创造，第二次创造才是客观世界的创造，其实也是主张自内而外的变化。

3．将建构主义当成一种信仰

我主张把建构主义作为一种信仰听起来有点矫枉过正，然而我也并不是全盘否定认知主义、行为主义。事物总是在发展中变化，变化中发展，任何全盘否定、彻底革命的做法都是反自然的。眼下，国内的教育现状不管是在基础教育、高等教育、职业教育，还是岗位教育领域，认知主义的教学思想都占绝对主流的统治地位，建构主义在国内还主要停留在学术探讨和意识觉醒阶段，有效果的实践也是凤毛麟角。好在我的建构主义主张和实践，多次公开分享都得到业内有识之士广泛的赞同和支持。我说过，一旦把建构主义当成信仰，最直接的好处就是讲师的心态变得更积极、更大胆。建构主义是一种选择，选择建构主义就选择了一个教育的全新视觉、一个更高的起点。选择建构主义就好比把光源挂得更高，辐射的区域更广，给人的价值更大。所以选择远远大于努力。

具体到教学上，建构主义的教学观与传统的教学观相比，学员和讲师的角色、课堂的组织和作用也有很大的区别。

学员永远是学习的主人

建构主义的学习观认为，学习是每个学员自己的事情，实际上每个人无时无刻不在建构自己。课堂只是一个特殊的、集中建构的环境。就算没有课堂，人们对自己思想的建构也从来没有停止过。

建构主义强调个体的差异：每个学员都带着自己固有的经验和信念来到课堂，他们来的时候就存在很大的差别，最终的收获自然也会因人而异；每个人都用自己的旧知来消化和理解新知，在同样的课堂上，不同的人所感受、理解、评估和认同的信息都不一样，而每个人都以自己的认知做出最后的选择，信哪些不信哪些，用哪些不用哪些，全是学员自己的事情。就算学员在课堂上迫于老师或某方面的压力，勉强承诺课后一定要用新知，如果内心不是完全地接受，他事后也不会用。甚至，学员理解的程度不同，认知的程度不同，应用的程度也不同。

王阳明认为，人们做不到知行合一，根本上还是因为没有达成真知，真知达到了，知行自然会合一。《大学》有言："自天子以至于庶人，壹是皆以修身为本。"这句话说得就很建构主义，修身就是对自己心智模式的持续建构。

因此，每个学员都是课堂的主人，他们要努力借助课堂这个环境，积极参与，主动实现对自己心智模式的一次建构。只有学员自己意识到了，主动分享自己的经验和看法、积极倾听老师和其他学员的信息输入，根据自己的价值观、经验等进行主动的思考运化，最终做出属于自己的选择，在生活中应用，根据应用的心得再持续改进。

人生就是这样周而复始不断建构的过程，课堂仅仅是一个比较正式、集中一点的建构场合而已。所以，查尔斯·汉迪说：只要对过去的经历进行深入的反思，学习就发生了。很多管理者有复盘的好习惯，复盘的价值就在于对过去的经历进行深入反思，这也是很好的建构过程。

理解了这一点，也就不难发现，其实看书也是对自己思想的建构。在我看来，书无非是帮助每个人建构自己思想的工具，是建构的"拐杖"而已。我甚至认为，书也无所谓好坏，读者也无须接受作者的全部思想，只要书中内容能够引发读者的思考，促进读者的建构，就是一本好书。我经常从文学作品、人物传记，甚至很多专业书籍里得到对教育的启发，这就是一种建构。

既然如此，学员在一堂课上的收获大小很大程度上取决于学员自己投入精力的多少，心不在课堂上，很难有大的收获。学员收获多少与自己花多少心思在课堂上关系极大。

老师的作用是帮助学员建构

传统的教学中，老师是课堂的绝对主角。他们准备了一大堆客观且确定的知识，按照自己事先的准备一板一眼地向学生交代。老师对所教的内容负责而不对学生的掌握情况负责，只要老师把所有的知识点一一讲完就算完成了教学任务，讲完之后就等着发卷子考试了，而学生是否能听懂那是学生自己的事情。建构主义则更推崇老师帮助学生建构新知，为此，老师将学生置身于情境之中，提出问题，激发学生已有的相关知识和经验，给学生输入相关的信息，提供相应的思考工具或流程，组织引导学生进行研讨和协商，激发学生的推理、分析、评价等高级思维活动，协助学生完成建构。

因此，老师的角色是催化师、是教练，是辅助性的，最大的责任不是把知识点交代清楚，而是激发学生思考建构。每个学生的经历和基础不一样，建构的效果也就不一样。老师的作用有点像传花授粉的蜜蜂，促进学生间的交流和思想传递。尽管老师的角色是辅助性的，但绝不能因此而忽视老师的作用，老师在教学内容的选择和方向的确定、关键信息的输入、关键点的提问和总结、组织学生意义协商等很多环节都起到很关键的作用。

我总结了建构主义讲师的三大法宝。

首先是抽身。老师忘掉自己，尤其是把自己要传授的知识和自己本人分开，没有必要为自己传授的知识进行辩护，遇到不同意见就跟学生着急。老师要做的是让学生就各种不同的观点展开充分的讨论和协商，最后试图组织学生自己总结和归纳，回到知识点上。只有老师忘掉自己，放下对课堂和学生控制的企图，课堂才能真正变成以学生为中心的建构主义课堂。

老子讲："为者败之，执者失之。是以圣人无为故无败，无执故无失。"老师越想有为，学生越有被控制感，老师越固执己见，学生越有被胁迫的感觉，老师要做到无为、无执，学生才会有主人的感觉，才会有参与和操控的乐趣。很多老师备课就像上战场，准备一堆如何跟学生PK的素材，唯恐百密一疏。我的理解是，真正的强大不是把自己武装得坚不可摧，而是要融化自己以致无形无体无人能摧。老子还说："圣人无常心，以百姓心为心……歙歙焉，为天下浑其心。"我看，把这句话中的圣人替换成老师，百姓替换成学生，意思完全成立。

其次是给情境。建构主义更重视给学生一个情境，让学生从情境探索中悟出某种道理，而不是直接给学生答案。尤其是态度类的教学内容，直接给学生讲要什么样的态度，实际上就是说教。人们天生厌倦说教。没有脱离了情境的知识，老师把所讲的知识还原到知识应用的情境中去，再由学生从情境中进行分析和探讨，最后悟出老师要讲的知识。这就不知不觉中转移了知识的所有权，学生认为这些知识是自己悟到的，而不是老师强塞给自己的；相反，老师直接给学生的答案所有权永远是老师的，不是学生的。

情境的最高境界是逼真，越接近学生的日常生活、工作实际，讲授效果越好。情境可以拼凑加工，就像艺术一样，源于生活而高于生活，但拼凑加工过程中要把握度——高质量的情境给人以真实感，觉得很贴近实际，受众有直接的体验感，能够移情。

科研是从繁杂具体的情境中抽象出共同的概念，而教育则刚好相反，是让人们从抽象的概念中获得直接的体验，是把抽象的概念还原到具体的情境中去以便人们理解概念。

最后是善于提问。好的情境能够激发学生参与的兴趣，引发学生思考和寻求答案；老师要在学生建构的整个过程中不失时机地提出恰当的问题，用问题来引导学生的思维。西方教育界有一句格言："学生有问问题的权利，老师没有直接给答案的权利。"老师就是要先让学生思考，然后有所得，学生思考后的所得才是学生自己的。我坚持认为：课堂上老师讲的每个关键点，都应该是某个问题的答案，而不只是老师要推销给学生的。所以，高水平的老师应该给自己要讲的所有内容配上问题，用问题引导学生思考，不愤不启，不悱不发，等学生思考到一定程度，再跟学生一起总结归纳出答案。而传统的教学，没有问题，老师上课直接铺陈答案。

建构主义强调让学生自己思考，每个人的脑袋长在自己的脖子上，我们没办法知晓学生是如何思考和如何推理的，但至少可以通过问题引导学生思考什么，以及往哪个方向去思考。提问对任何老师来讲都是硬功夫，好问题总是紧密围绕学生建构过程中的关键点提出的，不高不低、若即若离、启人智、发人省。问题一问，学生陷入深思，好问题胜过万言陈辞。

课堂就是大涮锅

建构主义对老师和学生角色重新定义必然使课堂发生巨大变化。既然学生是学习的主人，老师是帮助学生完成自我建构的催化师，那么建构主义的课堂上老师就不再是传统课堂上的权威，而像一个建构氛围的营造者和维系者，更像司仪。事实上，置身于一个能够共同建构的社会群体中，个体才能得到多角度的反馈，更有利于其建构。建构主义课堂是一个意义协商的平台，参与者在这个平台上彼此沟通交流、分享信息和观点，相互影响、相互促进。对任意一个个体来说，其他人的观点和反馈都可谓建构的输入，所以建构主义的课堂，我们不仅在乎谁担任老师，而且更在乎跟谁一起学习。

我经常用哈哈镜来打比方，课堂上的每个人都像是一面镜子，都有自己独特的心智模式和价值观，都有自己对事物的独到看法，尽管不同心智模式的人眼中的世界不同，如同每个人看世界的镜子是一面哈哈镜一样，但很多个哈哈镜相互参照，还是能够基本把握事物的真相。如果说传统的培训像是大厨师一道道地给食客上菜的话，那么建构主义的课堂更像涮火锅，每个人都可以给锅里放菜，每个人又都可以自由地从锅中捞菜吃，学生可以自由地分享、挑战、延伸、桥接，每个参与者自会形成自己的建构。

多年的教学经验告诉我：一堂真正好的课是老师和学生默契配合的结果，好课堂也是要讲缘分的。在好的课堂上，老师营造很好的建构环境，学生踊跃发言、相互启发、提出高质量的问题，又激发老师输入一些好的分享，老师给学生很强的效能感，学生又给老师很强的效能感，那种课堂氛围一旦起来，所有参与者都是一种享受。

建构主义的课堂听起来很随意、很开放，实际上却有细致的规划和设计，甚至规划和设计比传统课堂更重要、难度更大。建构主义课程设计的主要任务是选内容、设计教学策略、设计学生建构过程等。课堂看似很随意，最终还是要"夫物芸芸，各归其根"，实际上是大开大合、有放有收的。要做到收放自如，不仅要在课程本身的设计上下工夫，而且要更加灵活地把握课堂。

二、好课堂犹如拉风箱

尊师重教是中华民族的传统美德，绝大多数中国人都热爱学习和渴望学习。然而，上千年来，人们对上课的印象通常是与痛苦联系在一起的。为什么呢？

> 因为传统的课堂是老师宣贯式的，老师讲爽了算，学生只是个被动的接收者。这种基本的课堂模式不被颠覆，我们的子弟对学习的热情之火将迟早被浇灭。

1. 传统课堂：一个巴掌拍不响

在我的课堂上经常有这样一个互动：让学生分享自己上过的一堂印象最深刻的课，并分析这堂课给人印象深刻的原因。按说，我的课程受众至少应该是大学毕业，又有多年职场工作经验，粗略估算一下，从小学到现在，每人至少上过不少于两万课时的课程。遗憾的是，要在这两万课时中找一堂印象深刻的课却并非易事，但是很多人搜肠刮肚也想不起来。

后来我仔细思考了这个现象。在中国，我们习惯了讲师宣贯式的授课，讲师在讲台上照本宣科，学生们在课桌上中规中矩，每堂课都是如此，就像每一餐都喝稀饭就咸菜一样，找不到一堂印象深刻的课也实属正常。中国有尊师重教的光荣传统，绝大多数民众是渴望读书和学习的，然而，人们对上课的印象通常是与痛苦联系在一起的。

有一个很好的比方来阐释这种现象。假如你刚开始学习打羽毛球，有一位羽毛球高手愿意跟你打球，你也很渴望跟高手对打以提高技艺。结果，在球场上，他发的球你一个也接不住，演变成他啪啪啪地发了一下午球，你则撅着屁股捡了一下午球。请问你下次还跟他打球吗？实际上，如果我们把一堂课比做打一场球的话，那么传统的课堂上老师喋喋不休地宣贯，好比羽毛球教练不断地发球，根本不考虑学生是否接得住、回得过来，教练可以发挥地很爽，学生看得眼花缭乱，捡球捡得索然无味，能有乐趣吗？能有成就感吗？

如果一堂课始终都是学生在被动接收的话，说明课程设计出了严重的问题。事实上，那些习惯照本宣科的老师也能洞察到学生的注意力不在课堂上，但他们不在乎这些，往往只在乎他们的内容是不是讲完了，事先准备的那些知识点和故事是不是讲完了，他们不在乎呼应，顾不上互动，只在乎在规定的时间里讲完自己该讲的话，最后该考试时考试，学生不及格完全是学生的事情。课堂上学生睡得东倒西歪，即便最后考试学生考了一百分，我们就能藉此认定老师教得好吗？

曾经有人跟我表示担心说：电视、网络教学未来可能会替代课堂教学，像哈佛、耶鲁等著名大学的世界级大师的课程在网上都能随便看，那么未来这种面对面教授的课程是不是就没有生存的余地了呢？我对这个观点持反对态度。为什么呢？因为电视、网络教学很难解决跟学生互动的问题，学生只是被动地接受，建构效果很差。视频课程再好，都是向学生广播，无法进行社会协商，调动学生的积极性也有限。而课堂就是一个建构的场，学生需要跟其他人一起探讨，有一个社会协商的过程。面授课堂的本质是给学员创造一个共同建构的场，让他们在这个场上获得最直接、最深刻的体验，从而促进学员自己的精神结构的建构。

当然，我也绝不否认在线培训的价值，以知识为主的课堂用网络授课的方式效果很好。在线培训有自身的价值，但绝对不可能完全替代面授。现在的老年人退休后很孤独，以随身听、电视为伴，出门带着随身听，进门就打开电视。老人只作为一个信息的被动接收者，没有人跟他们互动，他们的思想几乎停止了建构，久而久之很多人患上老年痴呆症。所以，我经常跟学生开玩笑说："一言堂式的喋喋宣贯的老师，实在是把学生向老年痴呆方向培养。"

2．理想课堂：学员建构的道场

我个人认为，一堂好的课程有一个不二的标准：老师用多长时间跟学生对话，有多长时间向学生广播，互动是面授课堂存在的全部意义。但以技能和态度为主的课堂，练习了才能真正获得技能、折腾了才能真正改变态度，练习和折腾最好还是要面对面互动的。面授课堂上，老师要与学生对话，即使演讲也要有很真实的眼神交流，这些是电视、网络课堂都不会有的。

一堂好的课程需要学生积极参与进来，老师给学生的信息充其量叫做食物，需要学生自己去消化，完成属于自己的建构。这是一个最接近人类认知规律、建构主义学习真相的主张，学生是课堂的主人，因为所传授的知识要变成他们自己的，就必须他们主动参与、用心揣摩，而不是被动接收。

建构主义的课堂非常强调学生的主动性，可以说，谁在课堂上的主动性强、投入度大，谁上课的收获就大。因此，学生要想在一堂课上有所收获，就必须积极投入、认真思考、踊跃参与讨论、大胆表达观点，因为所有这些措施都有助于帮助学生消化课堂所学知识，便于学生建构自己的认知。

课堂就是一个建构的道场，课程就是要建构的主题，每个参与者都可能从其他参与者那里获得新的信息、观点，受到启发，每个参与者也都有意无意地成为其他参与者的老师，这样的道场即建构主义所认为的意义协商环境。一堂课下来，给学生留下深刻印象的无非是那些自己分享的、受人启发的（当然往往是自己困惑很久，却得到他人意外的启发）、与人共鸣的信息。

我在中欧上 EMBA 期间，同学大概都了解我是课堂上最积极、最踊跃的学生。有疑问就举手，有想法也一定要表达，为什么呢？就是因为我理解建构主义的原理，积极参与有利于我自己对所学知识的建构。作为一位学生，与其枯坐着受罪，不如积极参与，把自己的大脑激活。当我以非常放松、坦然和参与的心态出现在课堂上，我会非常享受课堂上的每一分钟，感觉自己就是课堂的主人。每个人的发言都有助于自己把问题弄明白，似乎教室里的参与者都是为了我对问题有全面的理解和认识而存在的，这样的机会多么难得啊！这个道理可以延伸到任何课堂，不管老师讲得如何、不管内容是否有趣味，只要学生积极投入、大脑始终处于思考投入状态，课堂收获都会很大，重要的是学生不能虚度自己的光阴。

造成今天国内一言堂式的课堂俯拾即是的局面也不全是老师的责任。假如当学生的全都掌握建构主义的原理，就算老师旁若无人地宣贯，学生也会主动参与和思考，课堂也能扭转为建构主义的课堂。所以，一堂好的课程，总是老师和学生合作的结果。老师要积极调动学生的参与热情，学生的积极参与又调动老师的授课激情，风借火势，火借风力，课堂效果自然差不了。

从老师角度看，建构主义的课堂非但不是挑战，反而成为老师持续建构自己的道场，古人讲的教学相长也只有在建构主义的课堂才能真正、彻底地实现。很多人认为老师这个行当干久了人就被掏空了，就脱离实际了，没什么可讲了。我认识的职业讲师中有不少人心存这样的担忧，甚至还有人想再从自由职业者回到职场来充电，却又担忧久在江湖漂泊，受不了职场的约束。

在我看来，这完全是因为讲课不得法，讲师每堂课都是纯粹地宣贯，久而久之，感觉自己被掏空了，没什么新鲜的料可报了。试想，为什么彼得·德鲁克、查尔斯·汉迪这样的管理大师，终生做咨询培训，不但没有被掏空，反而越做越丰富呢？我在课堂上通常会安排很多互动，每堂课都会听到不少学员分享自己鲜活的、生动的案例。一开始我还认真地记录，以便以后在课程中引用，后来发现根本没有记录的必要，因为每堂课都有学员分享的鲜活例子，如果某个课堂中学员的例子不够生动，我稍微回忆一下其他课堂讲到此处的情境，便会自然冒出一个以前学员分享过的例子，信手拈来做个分享。所以，互动性很强的课堂上，老师永远不会枯竭，就像掌握了"吸星大法"，课越上越丰富，老师建构学生思想的同时，学生也帮助老师建构了课程，案例越来越生动鲜活，内容越来越丰富贴切，我甚至感觉课程开发和上课的界限越来越模糊，上课即开发课程，开发课程即需不断上课。

老子在《道德经》第五章中提道："天地之间，其犹橐龠乎？虚而不屈，动而愈出。"说天地犹如一个大风箱，我小时候就经常拉风箱，拉风箱就得有推有拉，这样风就呼呼地往出吹，风箱是空虚的，却有出不完的风，越推拉，出来的风越多。讲课就应该像拉风箱，要有推有拉，这样学生才会参与，才会积极思考，才会主动分享，才不会觉得枯燥，老师才会把握学生建构的状况，才能给出针对性点评，才能促进学生更深入地探讨，才能收集到更鲜活、更贴近业务的案例，才能持续不断丰富课程。

3. 五星教学：师生要拍花巴掌

美国犹他州立大学 M·戴维·梅里尔（M. David Merrill）教授在综合比较研究了 11 种不同的教学过程的主张后，提出了五星教学思想，把教学过程分为五大基本过程。我认为这五大基本过程暗合了人类的基本认知规律，也正因为暗合了人类认知规律，所以按照五星教学法组织的课堂自然会是拉风箱式的。五星教学法是我本人最欣赏，也一贯坚持践行的教学方法，简单、有效、易操作。下面简单介绍这五个步骤（见图 2）。

第一步：聚焦问题（Problem-centered）

聚焦问题强调教学要以问题或任务为中心。学习内容要跟学生的工作生活息息相关，任务和问题要对学生有吸引力，才会激发学生参与的兴趣。无论上什么样的课，无论谁上，学生都会不可避免地问一个问题：与我何干？对我的价值是什么？如果学生找不到课程对他的价值，就很难真正参与。只有问题跟学生相关且有价值，才能真正吸引学生。

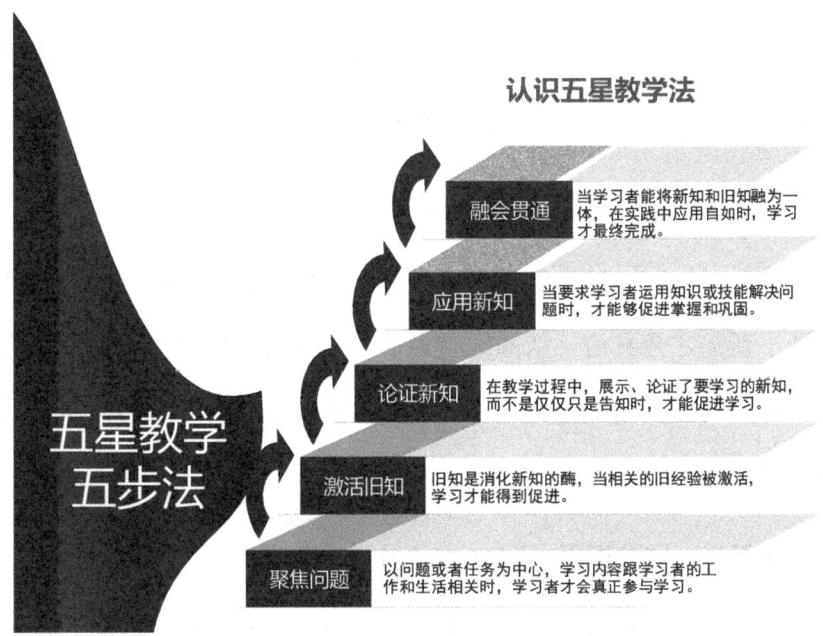

图 2　认识五星教学法

第二步：激活旧知（Activation）

激活旧知强调要有效激活学生之前的与所授新知相关的旧经验。学生都是带着自己固有的信念、知识和经验来到课堂，人们总是试图用以往的信念、知识和经验来解释这个世界，解释新事物。掌握新知就是把新知转化成旧知的过程，这就需要学生具备消化新知的酶，激活旧知就是激活这些消化新知的酶。

第三步：论证新知（Demonstration）

论证新知则主张在教学过程中，老师要向学生展示、论证要学习的新知，而不只是告知。学生希望课堂所授的新知能用已有的旧知来论证或解释，老师能帮助其建立新知和旧知的联系，帮助其理解，学生只有自己真正想明白了才会真正接受。

第四步：应用新知（Application）

应用新知即安排学生对所传授的新知进行应用，只有学生自己验证了新知才会真信，新知同时也被学生强化。如果学生对新知验证无效，便会自己摈弃新知。这就要求老师给学生恰当的反馈和指导，以便其正确验证。

第五步：融会贯通（Integration）

融会贯通是学习的终极状态，学生将新知融会到自己的信念系统中去，在日常生活自觉应用，能够把所学灵活运用到不同情境中去，甚至能够运用所学进行探索、发明、创造，就达到了融会贯通的境界，这时候新知就转化为旧知。

不难看出，五星教学的过程是一个师生拉风箱的过程。第一，聚焦问题是老师主导的，老师要抛出问题，激发学生参与和思考。我经常讲，作为老师，尽管不容易控制学生思维的过程和方式，但至少还可以通过聚焦问题，引导学生思考的方向和内容。第二，激活旧知就是把球抛给学生，让学生充分回忆自己跟问题相关的旧知，旧知是学生消化新知的酶。这个过程学生要充分发言、集思广益，甚至激荡起很多不同的主张和方案，分析种种可能。探索未知是人类与生俱来的本能。第三，论证新知又将主动权还到老师手里，孔子讲:"不愤不启,不悱不发。"等学生充分讨论、深度思考后,老师综合学生的论述,论证新知的科学性,在学生大脑中完成理性的建构。其实新知往往是在旧知基础上的延伸、综合和桥接。第四,应用新知又轮到学生动作了,要让学生自己动手,亲自验证一下新知。这个环节学生是有意识应用新知的,所以老师要及时辅导和纠正。当学生正确运用、取得成效后,新知的"威力"给学生很大的激励,能够激励其再次应用。第五,融会贯通往往是一个漫长的过程,当然更主要是看学生的持续应用和改造,最后达到潜意识反应的运用自如的状态。

所以,好的课堂,师生之间犹如拍花巴掌,"你拍一,我拍一"地交互进行,任何不交互的活动时间长了都会让参与者感觉到索然无趣。《易经》讲了:"天地相交叫做泰,天气下行,地气上行,阴阳交汇,才会通泰。"天地不交,就是各玩各的,天高高在上,地兀自在下,彼此不交汇,陷入否态。

更有意思的是，这种拍花巴掌的培训老师不会觉得累，一堂课老师讲解的内容不宜超过一半，要留更多时间让学生讨论和练习，而效果却要好很多。因为在这种课堂上学生掌握到主动权，很多环节能够自我发挥和控制，人们在有参与感和控制感的环境中工作学习容易被激活，幸福感也会增强。我一向认为，讲一天课下来累得半死的老师往往是在蛮干，凡事干得太累，多半是因为不得法，应该首先考虑优化流程、改进方法。

三、课程开发像造拉链

通过建构主义和五星教学的教学思想，返回来再看课程设计，就不难发现传统教学设计的缺陷。传统教学是以老师讲授为主，所以老师备课的主要任务是准备和整理自己要讲的内容，负责任一点的老师兴许再考虑一下各块内容具体宣讲的方式，但根本上仍改变不了以老师为中心的单方面宣讲的实质。

> 如果课程设计只是设计完老师如何宣讲的部分，充其量就完成了设计的一半，而实际上的课堂应该是老师和学生"拍花巴掌"的过程，师生互动的过程必须在课程开发中充分考虑和设计，而不是老师在课堂上灵活掌握。

1. 好课堂是师生合作的结果

课程设计的过程通常是老师单方面进行的,所以很容易被设计成老师单独宣讲的形式,甚至一些初级的老师总是担心课堂上没内容可讲,拼命地给 PPT 里加内容,每一页 PPT 都塞满了文字。

> 一位初级讲师甚至告诉我:"田老师,只有放更多的文字,我在讲台上才有安全感。"
>
> 我问:"这些文字是给你看的还是给学员看的?"
>
> 讲师:"老实说是给我看的,我怕讲的过程中一着急忘了,写上去才踏实。"
>
> 我问:"你把这些文字读一遍需要多长时间?"
>
> 讲师:"一页也需要两三分钟。"
>
> 我说:"你放这么多文字到 PPT 上,上课时 PPT 翻到这一页你读还是不读?不读吧,字又多又小,学生看不清;读吧,光读完就几分钟,每一页都这样读整堂课程可不就变成照本宣科了吗。"
>
> 这位讲师有点错愕。
>
> 我接着说:"其实很多时候 PPT 变成讲师的竞争对手,因为它跟讲师争夺学生的注意力,课堂上最重要的资源是学生的注意力资源,课程设计的重要任务之一是对学生的

注意力资源进行有效分配。"

如果课程设计成一堆 PPT 的堆积，甚至每一页堆满了字，PPT 的页数又很多，讲师在上课时就受到 PPT 的驱使，老想着这个知识点没讲，那个知识点没讲，总是想着赶紧把下面的 PPT 讲完，根本顾不上学生能否接受。

学习是学生获得知识、技能、态度的过程，学习的最后效果是学生产生稳定的行为变化。人们的行为又受到大脑的驱使，所以要行为产生变化则先要让学员思维方式发生相应的变化，脑袋长在每个学生自己的脖子上，只有学生自己想明白了要改变才可能改变，其他外力很难使其改变。所以，好的课程必须以学生为中心，学生想明白的才是他自己的，重要的不是老师讲授了多少，而是学生接受了多少。

大家都知道拉链，两边都是锯齿形，中间一个拉锁一拉，两边就啮合在一起。很多课程设计过程是由讲师单方面完成的，很容易被设计成以讲师为中心的宣讲文稿。而课堂是一个互动的过程，老师和学生好比拉链的一半，要啮合好才行。老子在《道德经》中讲道："万物负阴而抱阳，冲气以为和。"老师好比是阳，掌握课堂的主动，学生则好比是阴，是被动的，课堂就要阴阳相交，达到"冲气以为和"的境界。《易经》把乾上坤下定义为否卦，意思是天高高在上，地兀自在下，天地不相交，所以为"否"。今天有太多的课堂是天地不相交的"否"态。相反，坤上乾下为泰卦，天气向下，地气向上，天地相合，以降甘露，于是就"冲气以为和"，达到和谐的状态。好课堂是拉链啮合的过程，一定是师生合作的结果。面授的意义全在于面对面的互动，如果没有了互动，教学全部是照本宣科，那么面授完全可以被 E-Learning 所取代。因此，课程设计的关键任务是互动过程的设计，是学生建构过程的设计。

我个人很推崇五星教学法，这是因为这种教学方法不仅简单易操作，而且自然内隐了师生的互动过程。每一个教学单元，首先从聚焦问题开始，抛一个跟学生工作生活紧密相关的问题，既能有效激发学生的兴趣，又能有效打开学员的认知缺口，驱使其寻找问题的答案。抛问题是以老师为中心，问题抛出后就要看学生的反应了。问题出来自然能够激活学生先前的旧知、引发学生的讨论，这就是激活旧知的过程，这个环节以学生为中心。接着，所谓的新知，无非是旧知的拓展、延伸和发展，自然而然地过渡到论证新知，这个环节由老师主导归纳、推导、论证出新知。做到前三个星，就完成了所谓的"学"的过程，这里的"学"不再是把知识填鸭似的灌输给学生，而是让学生从问题入手，激活其已有知识结构，最终把新知融合进学生自己的认知系统中去。

教育学家梅耶教授提出了 SOI 的主张，S 是选择（Select），每个人都选择性地感受新知；O 是组织（Organization），学生要把新知和已有的旧知关联在一起，组织起来；I 是指整合（Integrate），把新知最终整合到学生的信念系统中去，新知成为旧知，就完成一个完整的"学"的过程。孔子讲："学而时习之。"光"学"仍不足以达到学员行为产生稳定改变的目的，所以还要练习。五星教学的第四个环节就是应用新知，老师要有意识地设计问题或任务，调动并辅导学生用新知解决问题或完成任务，当堂完成"习"的过程，这个环节又以学生为中心，至此就像拉风箱一样拉了两个回合。最后一个环节叫做融会贯通，孔子讲了："举一隅不以三隅反者，则不复也。"学生要举一反三，才能够把所学的知识灵活地迁移到不同情境中去是融会贯通的表现。人们所谓的悟性高，无非是指学习能力强和迁移能力强，活学还能活用。

2．好课程要气血顺畅

在传统的填鸭式教学中，老师是很重要的角色，要口才超好，舌灿莲花、滔滔不绝。然而，老师能管得了自己却管不了学生，老师兀自讲，学生兀自听，至于是否走神，老师全然不知，老师纵然千言万语，学生则可能充耳不闻。提问就不一样了，一个问题激活了学生的思维，学生就积极参与，努力寻求答案。所以，好问题胜过老师喋喋不休的千言万语。

> 有一次我担任主审评审一位讲师开发的课程，整个课程一百多页PPT，基本上是知识的堆积，每页PPT都密密

麻麻。我忍不住问课程设计者："你对你的课程抓住学员的注意力有多大自信？"

设计者："我倒没考虑这个问题，我主要是想把这些知识点讲透。"

我："学员的心都不在你的课堂上，你讲得再透有什么用？"

设计者："学员要是不听我也没有办法，我能保证的是，如果学员认真听我讲，我会比一般的讲师讲得更透彻。"

我："怎样才能让学员听你讲？依你的经验。"

设计者："我讲课过程中发现，现在的学员都喜欢听讲师实际操作过的真实案例。"

我："那你为什么不讲这些案例呢？"

设计者："讲案例固然好，可是这些知识点还得交代呀。"

我："你何不尝试把你的案例分为两部分讲？"

设计者："两部分？"

我："第一部分抛出案例的背景和你当时遇到的问题，当然这问题也是他们关心的。问学员，如果他是你，该怎么办？引发学员讨论。"

设计者："然后呢？"

我："学员充分讨论后，再分享你当时的选择和最终的效果，引导学员总结出一般性的结论，而这结论就是你要讲的新知。"

设计者："我知道了，新知要由学员从案例中品味出来，而不是讲师直接讲的。"

我："对。实际上，教育就是让学员从概念中获得直接的体验，学员的体验越直接、越真实，得到的启发越大，受到的教育越深刻。"

我经常用中医气血的概念来隐喻课堂。中医认为："气为血之帅，血为气之母。"人体血液循环是靠气先打通了，气是血的先锋，气通了，血就跟着流到。血脉不通，首先是气不通。如果把老师所授的知识比做血的话，那么所提问题就是气，要先用问题把学生思维的通道疏通，抓住学生的注意力，然后把所授知识再自然而然地流淌出去。不抛问题就喋喋不休地一通宣贯，就容易造成"气滞则血塞"的局面，课堂变得非常呆滞。

我曾经要求用友大学全体专职讲师：面授讲师没有资格在不抛问题的情况下，给学员一堆知识。老师所有要讲的内容，都应该是学生关心的某个问题的答案。找不到跟所讲内容关联的学生关心的问题，就说明所讲的内容对学生没有价值。老师直接讲给学生的，基本上都是垃圾，因为学生没有消化；甚至很有价值的东西偏偏因为老师直接给了答案，反倒变成学生脑海里的垃圾。知识是要在学生的大脑里"折腾"一番才能成为学生自己的。很多道理我们很早就听老人们说过,只是当时没感觉,完全不以为然,直到自己经历过了,撞过了南墙才幡然醒悟。"折腾"了,有切身体会了才完成自我认识的建构。

课程开发中头等重要的工作是设计与学生的互动,根据人类认知的规律设计学生知识建构的过程。借鉴迭代开发的思想,我甚至认为,好课程是从一遍一遍的讲课过程中打磨出来的,因为讲课是真实的互动,没有互动就没有建构主义所理解的课程。我曾经主张各位讲师在开发课程的时候,最好在自己的桌案旁边放一个小玩偶,假设它就是课程的受众,讲师可以一边做PPT一边跟玩偶对话,这样做出来的PPT都会有灵性。

> 我在用友大学刚开始推行五星教学的时候,很多讲师为了迎合我的"审美需要"不得不为他们要讲的内容设计一个问题。事实上,如果不得要领的话,给所讲的内容设计一个贴切的问题很不容易,常常要费很多心思。记得那段时间在课程评审上我的火气很大,为什么呢?因为评审过程中发现很多讲师为提问题而提问题,为五星教学而五星教学,演变成形式主义。问题和底牌根本对不上。有一回我打了个比方,说:"你设计的问题是问勾股定理,一个直角三角形的两直角边,一边是4,另一边是3,问斜边是

多少？而翻到下一页，你的答案却是背诵英语单词的技巧。问题和答案这样的风马牛不相及，这是五星教学吗？"

事实上，给所要讲的知识配上恰当的问题和情境，是一个需要狠下工夫的将知识还原到情境的演绎过程。教学和研究走的是相反的两条路，研究是从具体的事物中抽象出普遍的规律，而教学则需要把抽象的规律再还原到具体的事物中去，让学生有直接的感受。

3. 当烈火遇到湿柴

我相信，把课程设计成拉链式的这个观念人们还是容易接受的，但回到现实中就又显得不合时宜。曾经有一位老师问我："田老师，我按照您的意思倒是把课程改成五星教学了，教学过程中我也刻意先抛问题，努力引发大家讨论。可是，我面对的学生就跟木头桩子一样，我使出了浑身解数，就是调动不起来。在万般无奈的情况下，我又不得不回到我熟悉、他们也习惯的宣教状态，我现在好困惑。"

这是一个很现实的问题，长时间宣教式的教学使我们国内的学生习惯了老师的宣贯，他们对互动毫无准备。这是一个残酷的现实，因为这些"木头桩子"都是我们这些传统教学的老师长时间地培养成的，冰冻三尺非一日之寒，习惯不是一天养成的，也不是一天能改变得了的，让老师改变多年习惯了的授课习惯、让学生改变多年习惯了的听课习惯，谈何容易？我们认识到：习惯的并不一定是合理的，就像抽烟的人明知道吸烟有害健康却还禁不住要抽一样。尽管改变不容易，但我相信绝大多数参与者（不管是老师还是学员）还是有明辨是非的能力，还是认同建构主义教学主张的。既然正确，就要坚持，就要纠正以前不好的习惯！

分享一个我曾经遇到的课堂情境。

曾经应邀给一位国有企业的中层经理分享我们用友大学的绩效管理课——"把绩效进行到底"。这门课我们采用了大量的视频，上课过程中要用视频给情境，抛问题，引发学员讨论，引导学员得出结论。然而，我面对的学员可能从来没上过这种互动的课程，每一个问题抛出，大家就低着头，我捕捉不到一个想分享的眼神。说实话，面对那个情境，我相信99%的讲师都会产生应付的心理，想着自己讲完了事。我自己很崇尚建构主义教学，怎么能轻言放弃呢？多年的教学经验告诉我：失败的课堂一定是当老师的先对学生失望，继而引发了学生对老师的更大失望！只要老师心中的激情能熊燃烧，哪怕学生是湿柴火，也会被先烤干，再燃烧的。于是，我决心用热情之火改变冰冷的课堂，信念比黄金都重要，这个决心对讲台上的我来讲非常重要。

我抛出一个问题，课堂上没人回答，甚至连正眼看我的人都没有。我说："我知道大家还不习惯当堂讨论和回答问题，但我相信这个问题一定会引发大家的思考。这样吧，大家先思考一下这个问题，时间两分钟。"课堂一片死寂。两分钟后我还是没有捕捉到任何一个有发言意愿的眼神，但我仍然固执地坚持让学员思考。两分钟后我根据以往上这门课的经验，把对这个问题的不同意见进行了陈述，我先走到讲台的左侧，模拟学员的口吻，说："一部分学员认为……"自己陈述一种观点。然后说："同意这种观点的举手。"谢天谢地，终于有几个学员羞涩地举起了手。之后，我又走到讲台的右侧，模拟另一派学员的口吻，说："当然，还有人这么想……"我又陈述了第二种与第一种观点相对抗的观点，然后问："谁同意这种观点？"又有几个人怯怯地举手。接下来，我就点名让前一次举过手学员代表站起来再次澄清他们的观点，虽然他有点不情愿，但点名发言，他还是给了面子讲了几句。然后我又问大家还有没有补充？这时候终于有人主动站出来补充了。接着，又点名让持第二种观点的人陈述他们的主张并补充，看得出来，这个过程中多数人在思考。最后我抛出底牌，进行点评，虽然比以往课堂的效果差了点，但还是比照本宣科的效果好很多。

一个多小时过去了，课堂终于有了氛围，安排互动也没那么难了。

人是社会动物，每个人的内心都是渴望交流的，课堂上学生表现被动的主要原因还是习惯使然，这也是多年传统教育种下的恶果。这种冷漠的局面是先前老师造成的，要改变这种局面还需要新一代的老师多一些热情和耐心，共同努力吧！

4．五星与"五行"的珠联璧合

我提出了好课程的五要素：目标、内容、形式、逻辑和过程，简称为开发精品课程的五行。要判定课程好坏，用这五个维度形成的雷达图一看就知道了。

目标。目标应该聚焦在学生的具体行为表现上，改变什么态度，完成什么任务，解决什么问题。换句话说，课程目标应该表述成让学生有潜在的行为表现。目标的精准确定和表现性表达，会让培训从出发点上就有根本的改变。而课程目标的不同，也会给学生带来完全不一样的体验。

内容。培训内容要紧贴业务需要，要针对学生需要，适合学生的内容才是最好的内容。内容还要区分知识、技能和态度，不同类别的培训内容，认知过程中大脑接受和加工机制不同，教学的策略也理应不同。

形式。对教育工作者来讲，形式甚至比内容还要重要，"怎么教"比"教什么"还要重要。研究人员的工作重心在于从具体的工作生活中抽象出某种规律、理论和模型，而教育工作者的工作重心则在于将这些抽象的概念还原到现实，精彩地演绎出来。课程设计就是要为"死"的知识、思想设计"活"的学生体验，也就是设计教学形式。

逻辑。逻辑好比是把漂亮的珠子串成项链的那条细绳，好课程必须有好逻辑。课程开发需要广泛收集素材，但最终将来自四面八方的素材整合在一起的是逻辑。我很喜欢一句话：如果你有逻辑，你就可以在全世界整合资源；如果没有逻辑，你便会自觉不自觉地成为资源被人家整合。

过程。授课的过程也同时是学生接受、理解、掌握新知的过程，学生的参与和体验至关重要：前期能不能感受到重要，捕捉到意义？过程中能否找到乐趣，有效能感？课后是否认同价值，愿意投入实践？过程设计既要考虑不同内容的时间分布，又要结合人的生理和心理规律，还要让课堂有层次感和节奏感，美感源自于层次，乐感源于节奏。

这五大要素是任何课程设计与开发过程中不可回避的要素，也是本书讨论的重要内容。与前文介绍五星教学法结合起来看，不难发现，课程开发是静态的设计过程，属阴，而授课则是动态的互动过程，属阳。五星和"五行"相辅相成，珠联璧合（见图3）。

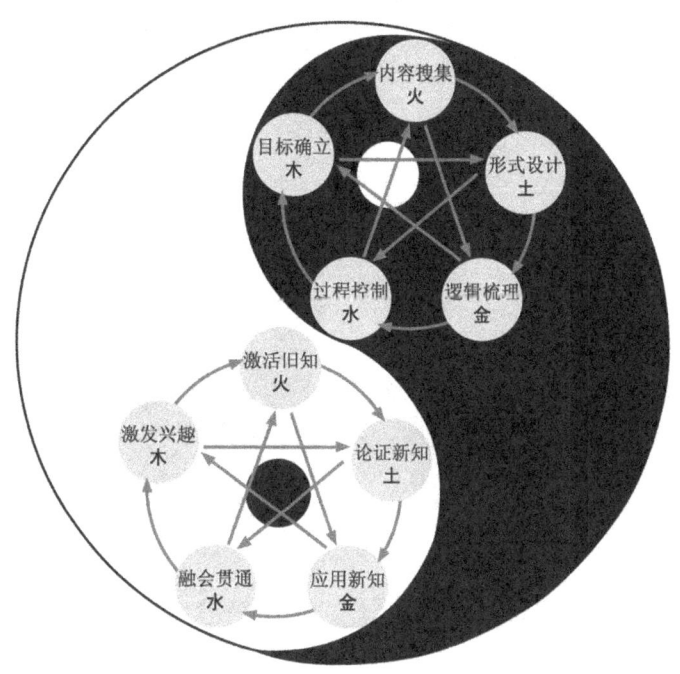

图3 五星与"五行"

第二章

知识、技能和态度要区别对待

把能力细分为知识、技能和态度实在是教育史上有划时代意义的事件,不仅大脑对这三种不同类型的能力的处理加工方式不同,甚至处理和存储这三种能力的大脑部位都不同。正因为大脑对知识、技能、态度的加工和反应方式不同,所以教授这三类能力的方式也自然应该不同。

一、人类对自身认知的突破

> 1956年，布卢姆发表了他的教学目标分类体系，后来被认为是教育学史上有划时代意义的事件，正式开创了教学目标分类的新时代。

教学为什么要分类？一个偶然的机会，我跟儿子有一个关于教学的对话，先分享一下，我们再讨论这个问题。

> 送儿子去补习班的路上，问了他一个话题：人为什么要学习？儿子一开始回答说要得高分、要出人头地等。在我不断地引导和追问下，最后他居然说：学习就是为了获得前人的经验，用到未来的生活中。我说接近了，毛主席说：学习的目的在于应用，而我比较同意的观点是：学习是人们为了获得持久性非生理性改变所做的努力。
>
> **接着我又问了一个问题**：怎样能感受到一个人学习的效果？
>
> **儿子很快就说**：那就要看他是否应用了所学习的知识。
>
> **我**：怎么看？

儿子：通过观察？看他做了没有？

我：那就是说要看他的行为，对吗？

儿子：对。

我：行为变化是我们能观察到的一个人外显的变化，那怎样才能让一个人的行为变化呢？

儿子：观摩。你手把手教给他呗，比如炒菜。

我：对，炒菜是一项动作技能，英文叫 Skill，的确一步一步地教非常直接。除了这些，还有什么办法能让一个人的行为改变呢？

儿子：我想不起来。

我：比方说我昨天送你上学，发现这条路很堵，我今天决定要早点走，这算不算我的行为改变了？

儿子：也算吧。

我：那是什么让我的行为改变了呢？

儿子：昨天你不知道，今天你知道了呗。是你掌握了这个情况。

我：对，掌握这个情况的意思就是我掌握了关于路况的经验知识，是知识，英文叫 Knowledge。

儿子：哈哈，我们在学校里学得大部分都是知识。敢情知识改变命运是先通过改变行为再改变命运的。

我：是，你很聪明。

儿子：可是并不是所有的知识都能应用到行为上的，比如那些历史故事。

我：对，所以知识也分为"活知识"和"死知识"，聪明和用心的人能把"死知识"变成"活知识"，还加上自己的创新；而另一些人充其量只能做到机械记忆。

儿子：我们现在学校学的大部分都是"死知识"，我看将来也没什么大用。

我：关键是你有没有设法想把它用起来。

儿子：怎样才能用起来呀？

我：那就要动脑筋了，这是区分一个人能力高下的重要标志，教育学上把这种灵活运用的能力叫做迁移能力，意思是能够把所学知识灵活迁移到新的情境。

儿子若有所思。

我又问：除了技能、知识，还有什么能够改变一个人的行为呢？

儿子：我不知道。

我：再想想。

儿子沉默了一会，说：想不起来。

我：启发你一下。你喜欢吃肯德基，所以今晚的晚餐你决定还吃肯德基，这是为什么呀？

儿子：这是你说的知识吧？因为我吃过，我知道肯德基好吃。

我：喜欢吃肯德基是一种态度，对肯德基有偏好。所以第三个改变因素叫态度，英文是 Attitude。让人行为改变（获得能力）的因素有三种基本类型——知识、技能和态度，简称 ASK。

儿子：这是你编的吧？

我：不是，这是1956年，一个叫布卢姆的人提出的教学分类理论。

儿子：这个人为什么要分出知识、技能和态度三类呢？

1. 大脑运作机理决定了教学分类

为什么说把教学目标分类是一种划时代的进步？那是因为在此之前的教育行为主义教学主张，采用简单的刺激-反应理论，并不深究大脑对信息的加工过程，不研究大脑的运作机理。后来随着人们对自身大脑研究的深入，发现大脑对知识、技能、态度这三种不同类型能力的处理和反应方式不同，甚至存储和反应的物理载体都在大脑不同的区域。勇于探索和学习传播是人类加速进化的动力，人类对自身认知的突破是教学分类主张的基础，而分类教学大大提高了人类学习的效率。

我曾反复推敲此三者的区别与联系，进而悟到：知识、技能和态度实际上分属人类思考的三个不同逻辑层次，知识是人们对外部世界本然的认识，包括自然和社会形态描述和规律的总结，可分为陈述性知识和概念性知识。态度则是人们内心对自己和外部世界的主观认识，包括使命、愿景和价值观等，并据此判别什么重要，什么不重要，可以信任什么，需要远离什么。技能则介乎知识和态度之间，人们如何利用已经认识到的自然和社会本然的信息和规律，去改造和适应自然和社会，以获取自认为更重要的东西。很多老师喜欢用 Why、What、How 来描述自己传授的内容，其本质无非是对知识、技能和态度的另一种表征罢了。

先讨论知识。布卢姆所说的知识和后来加涅提出的言语信息是同样的概念，是指人们存储在大脑中的信息。知识包括事实性知识，即具体的客观存在和事实，也包括经过大脑加工的抽象知识，称为概念性知识，包括概念、程序、原理等。这些知识都以某种结构存储在人的大脑，既可能是离散的状态存在，又可能以某种结构或关联的形式存在。知识是可以从经验中获得，也可以通过他人传授间接获得。认知心理学对大脑的研究发现，知识在人的大脑中是以分类树状结构存储的。

再看技能。布卢姆所说的技能后来被加涅细分为三类：智慧技能、动作技能和认知技能。不管是智慧技能还是动作技能，熟练掌握的标志都是学习者能够潜意识地应用所学技能，即不需再经过大脑皮层而由海马体识别其使用的情境，杏仁核驱动直接做出反应。

人们可以边开车边聊天，那是因为开车是典型的动作技能，熟练了以后所做的多数动作不再需要大脑皮层加工，而由潜意识直接做出，甚至达到肌肉反射的程度。可见，技能和知识在人的大脑中存储和提取的物质器官都不一样，处理和反应的机制也不一样，当然要区别对待。

最后说态度。态度实际上是价值观的外显反应，与技能、知识又有区别，态度涉及人们的情绪。人们对某个事物的价值判断是经过大脑皮层的，如果多次的价值判断的结果都一致的话，大脑皮层就干脆授权给边缘系统直接做出反应。比如，有些成年女性害怕毛毛虫，理性地讲，毛毛虫绝对不值得一个成年人害怕。但这些成年女性可能在很小的时候被毛毛虫惊吓过，她大脑皮层价值判断的结果是这东西很可怕、很危险，必须远离。久而久之，她的大脑边缘系统就形成了固定反应，见到毛毛虫不问原委，边缘系统就发出危险的指令，直接驱动交感神经系统采取防御措施。可见，态度的形成至少要经过价值判断和情绪反应两个阶段。

因为大脑对态度、技能、知识的加工和反应方式不同，所以教授这三类能力的方式也自然应该不同。

2．撬动绩效的杠杆

企业培训员工的目的是让员工获得持久的非生理性改变，而这种改变能带动员工的绩效提升。事实上，知识、技能和态度分属人类思考的三个不同逻辑层次，而这三者对学员的行为改变以致绩效提高的贡献各不相同。

传授知识最容易进行，三尺讲台，一把教杆就可以授课，但这种授课方式对学员绩效的贡献却比较低。一方面，学员作为知识的被动接收者很容易开小差；另一方面，即便学员认真接受了，从知道知识到有效使用知识还有不短的距离。

相比较而言，训练技能则要比传授知识难一些，讲师不仅要让学员理解，还要教会其操作。学员要通过反复练习，把具体的技能固化成习惯，理想境界是把使用技能转化成学员潜意识反应的自动行为。熟练掌握技能对绩效提升的贡献非常直接。

最理想的培训应该是直接改变学员的态度。因为每个人都依据自己认为的真理来行动，所以任何积极且持久的变化必须从内心开始。然而，没有人愿意被改变，改变态度谈何容易？态度的改变需要学员自身不断地质疑和反思，态度教学的原则就是促进学员对自己的固有思维模式和限制性信念进行修正和调整。

尼采说：知道"为什么"的人能够克服一切"怎么样"的问题，高意愿的人会自发寻找相应的知识和技能以完成任务。反过来，拥有知识和技能也能提高一个人的意愿：我想干是因为我懂，我想干是因为我会。换句话说，意愿能够驱使人掌握知识技能，知识和技能也能够提高意愿，但知识技能必须通过意愿才能得以表达和表现。

高意愿是高自尊水平的反映，自尊水平高的人能适应多种环境，积极自信、勇于探索、敢于创新、顽强坚韧。所以，我认为教育事业归根结底是提高人类自尊水平的事业，高绩效出自高自尊（见图4）。

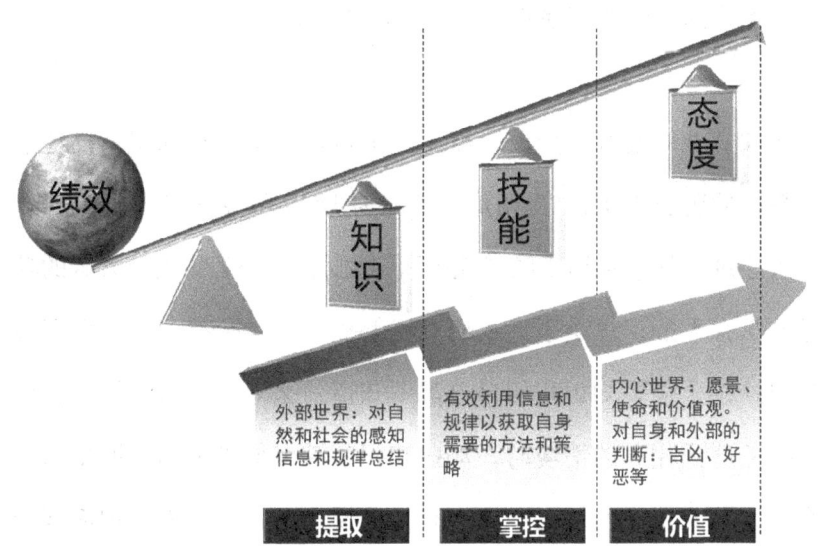

图4　撬动绩效的杠杆

教育工作者明白了这一点便掌握了教育的法门，无论什么形式的授课，都不忘记提升学员自尊水平这一终极的目标，课程开发、课堂授课自然会别具特色。观念的变化一定会带来积极且持久的效果，让我们一起推进中国教育的变革，致力于民族自尊水平的提高。

二、知识学习贵在有效提取

> 知识是人们对外部世界的描述或规律总结。教育学把知识分为陈述性知识和概念性知识。

比如"秦朝建都在咸阳"就是一个典型的陈述性知识,描述了一个基本的历史事实。"三角形内角和为 180 度"是一个规律总结,是一条经过大脑抽象加工的"规则",是概念性知识。人们大脑的功能是非常强大的,以至于连我们自己都搞不清楚自己究竟掌握了多少知识,甚至很多知识我们自己都不知道什么时候能派上用场,可是当我们遇到相关的情境时,那些知识就神奇地被大脑提取出来。那么,大脑对知识的加工和提取有什么规律?在教学中知识应该怎么教?下面做一个探讨。

1. 有效提取是掌握知识的标志

要了解知识的教学策略,需先了解知识在大脑中的存储和提取机理。我在讲授《知识的教学策略》课堂上,经常先跟学员做这样一段互动。

我先抛出一个问题：知识被掌握的标志是什么？凭什么说你学会了某个知识？

学员：记住它。

我：何以见得你记住它？

学员：那就是我能完整陈述出来。

我：对，换句话说，掌握某个知识的标志是把它装进你的大脑里，你能够提取出来。有效提取，通俗点说就是记住它是人们掌握知识的标志。

又有学生疑问了：记住了还会遗忘的。

我：遗忘就是提取失败。大家有没有思考过这样一个问题，我们都知道记忆的载体是脑细胞，细胞又是新陈代谢的，知识被遗忘是不是因为你记忆它的脑细胞死了？

学员：有可能。

我：那我们回到一个情境中，假如大脑中负责记忆黄瓜的那个脑细胞死了，难道你从此就不认识黄瓜了吗？你为什么还能认识黄瓜呢？

众多学员：对呀，这是怎么回事呀？

我：其实我们的大脑很聪明，它不会那么傻把鸡蛋放在一个篮子里。比如记忆黄瓜，不是靠一个脑细胞记忆的，而是由细胞群共同记忆住的。我们的大脑会自然把我们所见到的事物按照其特征进行分类。比如黄瓜是蔬菜就跟蔬菜放在一类，是绿色的又跟绿色植物放在一起，带刺的则可能和刷子组成一组记忆，有个把儿又可能跟棒槌放在一起……假如你负责记忆颜色的某个细胞死了，那么还有存储其他特征的细胞做备份。假如存储黄瓜颜色特征的细胞真死了，哪怕你真忘了黄瓜的颜色，但凭其他特征你仍然能识别出黄瓜来，然后根据真实黄瓜的特征你再次补记住它的颜色。

众多学员："哦，原来如此。"

一百多年前华生在一个 11 个月大的小男孩身上做过一个实验。

实验过程如下：当小白鼠出现在小孩面前的时候，就在小孩的背后用力击打一个物体发出巨响，引起孩子的惊吓反应。反复几次后，即便只有小白鼠出现而没有巨响伴随，小孩也表现出害怕、逃避的反应。几日后，小孩对所有带毛的物体如狗、皮毛大衣等都感到害怕，可见，他的恐惧已经泛化。

最后一句话："小孩对所有带毛的物体如狗、皮毛大衣等都感到害怕。"也从另一个侧面证明小孩对刺激物的识别是根据其特征进行匹配的，因为反复强化的缘故，使得小孩见到带毛的物体就迅速提取出危险信号，做出害怕反应。

有很多离散的知识，学习了却提取不出来，就一直在大脑里游荡，就像太空垃圾一样。这些知识其实并没有消失，只是没有能够将其提取出来的线索而已。比如我的一个二十多年没见过的小学同学，我早已经忘记了他的名字和长相，但未必在大脑里彻底消失，只是当下提取不出来，突然有一天在街上见面了，相互审视一番之后竟然彼此认出来了，真人在场的刺激帮助大脑提取出游荡已久的关于这个老同学的信息：其实它一直在，只不过没有线索把它提取出来。

这一点也能解释顿悟：牛顿观察苹果坠地发现万有引力、阿基米德洗澡时发现浮力原理，其实都是外部发生的现象驱动了当事人提取出相关知识，进而将现象和知识产生了某种关联。创新无非是人们提取了知识，并将知识与知识、知识与现状产生关联，而有意义、有价值的关联就是创新，没有意义、没有价值的关联被认为是荒谬，一笑置之。因此有人说，创新和荒谬是孪生兄弟。所谓的顿悟就有可能是把离散的没有线索的知识给提取出来，并做了有价值的关联。

2. 掌握知识的五大策略

有效提取是掌握知识的标志，是一条根本性的原理。本立则道生，沿着这个根本拓展下去，我们很容易理解知识的教学策略：做什么样的努力使我们能够成功提取出所学的知识。假如知识是一个物体要放在我们的脑海中的话，要再把它提出来无外乎从两个方面努力：一是让捆绑知识的绳索更牢靠、不会断；二是给它多捆绑几条绳，抓住任何一条绳都能拽出来。想明白这个道理，我再翻阅教学设计原理教科书时，发现书上推荐的几乎所有策略都基于这两条基本策略。我本人笃信中国的五行，大脑里的知识结构很像一个五叉树，很多东西都是五个一组地存储着，这样的结构也非常便于我提取。所以，在此也介绍一组五个我认为掌握知识的策略，学名叫认知策略。

左右脑记忆

脑科学研究表明，右脑处理信息的能力是左脑的 100 万倍。我们都知道左脑为理性脑，处理逻辑，右脑是感性脑，处理图像。我们通常记不住两三个字的人名，却很容易记住非常复杂的人的图像。见到一个人一看就面善，可以肯定在哪里见过，但就是想不起来叫什么，可见右脑功能的强大。

右脑记忆术目前非常流行，我看过好几位记忆大师的著作，无一例外地把右脑的机能发挥到极致。记忆大师能够在三分钟之内记住四副被打乱了的扑克牌的顺序，能报出第几张是什么。他们怎么这么神奇呢？我看完以后觉得这不是什么特异功能，只要下工夫练习，多数人都能学得会，至少能记住一副牌。大师采用的记忆术就是左右脑的图像联想记忆法。他们事先在大脑里打上桩，比如从 1 到 13 的记忆桩是这样打的： 1 是家门口，2 是厨房，3 是沙发，4 是餐桌，5 是书房，6 是主卧，7 是次卧……然后再给每张牌配上形象的图像。比如草花 2 就是一只花色的鸭子。这样就容易记了，假如一副被打乱的牌里第 5 张是一个草花 2，记忆大师就把它转化成一个图像：书房里卧着一只花色的鸭子。整个一副牌都被记忆大师编成一个滑稽的故事，这些故事可以在大脑里逼真地显现，甚至可以闪过那只花鸭子还在嘎嘎地叫。

我儿子背一篇中学古文《口技》，读了好几遍还是没背下来。我告诉他用右脑记忆术，试图在脑子里把《口技》中描述的那些栩栩如生的情境按顺序画下来，什么起火啦，什么大儿子哭了，小儿子哭了……在背课文的同时脑子也在放电影。很快，那篇几百字的古文就滚瓜烂熟了。

现在很多少儿教育机构传授右脑记忆术，效果非常明显，视觉记忆甚至统觉记忆都有很广泛的应用。哈佛大学心理学教授加德纳认为，使用多元表征表达，有助于对知识的深入理解和掌握。有时候我看书也是边看边画，虽然我的绘画很蹩脚，但如果对记忆有帮助也值得去画。很多拗口的外国大家的名字我都试图将其图像化再记住它，中医经络的关键穴位我也是用图像记忆的。我的朋友孙小小、臧贤凯曾经对我所著的《上接战略，下接绩效：培训就该这样搞》中的部分内容配了形象的图像，他们都是右脑记忆的高手。

多线索记忆

既然从大脑中提取知识要靠线索，那么存放的时候多几个线索自然有助于记忆。我经常在我的课堂上做猜猜看的游戏。

> "猜一个知名演员，男的。"
> "瘦瘦的，是个光头。"
> "说话很幽默。"
> "给中国移动做过广告代言人。"
> "对了，他爸爸也是个老艺人，演反动派出了名的。"
> "还有，那个在《天下无贼》里扮演黎叔的那个。"

多数人在第三个或第四个线索出来的时候就能报出这个知名演员是葛优。给的线索越多，我们越容易从大脑里提取出来。记忆术中介绍，要认识一个人，保证下次见面认识并能叫出名字的方法就是给每个人建立至少五个以上的线索，并且把名字和这些线索联系起来。比如大鼻子、戴眼镜、平头短发、厚嘴唇、姓肖所以爱笑，笑起来嘴巴像个小月（肖），有这么多线索就不难记住这个人。多线索还有一个好处就是线索之间相互印证和提醒，比如《易经》里的六十四卦的卦序，既有卦序歌，又有非覆即反的规律，每个卦又有形象的卦象，还有卦的含义，这些都是记忆的线索，这些线索可以相互印证。有了方法，再难记的东西我们都能想出足够的线索记住它。

多线索的原理得到很多方面的论证。心理学家佩维奥强调在信息的储存、加工与提取中，语言与非语言的信息加工过程是同样重要的。他提出了双重编码的理论假设，认为信息在人们的大脑中至少有两种不同的表征方式：适用于心理映象的"图象单元"和适用于语言实体的"语言单元"。前者是根据部分与整体的关系组织的，而后者是根据联想与层级组织的。比如说，我们记忆"茄子"就比记忆"系统"要容易很多，因为"茄子"除了语言记忆外，在人们的大脑中还有一个生动的图像，而"系统"则是一个相对抽象的概念，缺乏一个生动的图像，记忆和理解都有一定难度。我的理解是：人们的左脑乐于探究意义，右脑则喜好具体的图像，给左脑一个意义，同时给右脑一个图像，这样左右脑各得其所，相互配合，信息就比较容易记忆和提取。

分类记忆

人的大脑天生喜欢有秩序，所有东西都一组一组按某种秩序排列，有个工具软件叫脑图，就形象地展现了大脑的存储排列规律。再者，大脑短期能够处理的极限是 7，描述一个东西最好不要超过 7 点，超过了大脑就应付不过来了。心理学做过这样一个实验：就是给一个快速可升降的托盘里放上豆子，托盘迅速放下让被试者扫描一眼，问被试者里面放了几颗豆子，实验证明当里面放了7个左右的豆子时，多数人能马上报出正确答案，但豆子数量到10个以上的时候只有极个别人能数过来。如何让大家扫一眼就能数出几十个豆子呢？一个方法就是分堆，把豆子分为7堆，每堆7个，最后一堆少两个，仍然扫一眼，多数人就能数出来是七七四十九，少两个，为47个。

假如某个领导讲话，上台就说："今天我很高兴，就这个问题我简单讲15点。"听众直接就懵了。如果他说："今天很高兴，借这个机会讲3点，第一点，有5个方面……"其实还是15点，但听众感觉好多了。所以，老师在课堂上带领大家头脑风暴了一大堆，最好再带领学生进行分类，以便大家记忆。

精加工记忆

精加工是指学习者主动对所学的新知和已有旧知建立联系，为新知赋予更多的意义，从而促进新知的记忆和理解。我记的很多枯燥的东西都是用精加工的，把很多事情都按照传统的五行进行分类，就属于我自己惯用的一种独特的精加工手段。精加工相当于给知识再贴一个属于自己的标签，常见的手段有编码、编口诀、赋予新意、跟旧知建立某种逻辑关系等。西方人喜欢用英文字母的首字母编码，如4P、4C等，还有SQ3R的读书法等。汉语的韵律使得我们喜欢编口诀，如二十四节气歌。总而言之，精加工是需要学习者有一点联想和创新精神的，学习者可以有自己专属的精加工，精加工的标签一旦被学习者记住，往往记得非常牢靠。

作为老师，如果非要在课堂上给学生讲大段大段知识的话，我的习惯是帮助学生做精加工，以减轻学生的记忆负担。比如我在讲教学设计时讲到加涅的教学分类主张，加涅把能力分为五类：即言语信息（V）、智慧技能（I）、认知策略（C）、动作技能（M）和态度（A），其实加涅是在布卢姆的 ASK 分类说的基础上，把其中的 S 再次细分为智慧技能（I）、动作技能（M）和认知策略（C）。要记住这五类有一点困难，我就对其进行了精加工，把五类技能的首字母串联起来，拼写成"MICVA"，给其赋予了中文含义，读做"麦克娃"，意思是麦克家的娃，娃是我们西北人对小孩的称呼。这样就很容易记住这五大能力类型了。

其实，精加工使用之处很多，相信很多人自觉不自觉地都使用过精加工的办法，它还属于一种偏重左脑的记忆法，属于逻辑再加工，建立某种联系的方法。精加工的过程是要费一些脑力的，但一旦完成加工并赋予其意义，记忆效果非常好。

重复记忆

我母亲七十多岁了，仍然对她上小学时候的课文能够倒背如流。我好奇地问她怎么这么多年还能记忆犹新。她说那时候上学就天天念，念了很多遍就印到脑子里了。重复是记忆的好办法，最好诠释重复与记忆关系的研究是艾宾浩斯的遗忘曲线。艾宾浩斯研究发现，人的记忆保持率呈加速衰减态势，对离散知识的记忆24小时内遗忘60%，第二天忘的只剩下大约30%，到第6天后只剩下大约10%（见图5）。

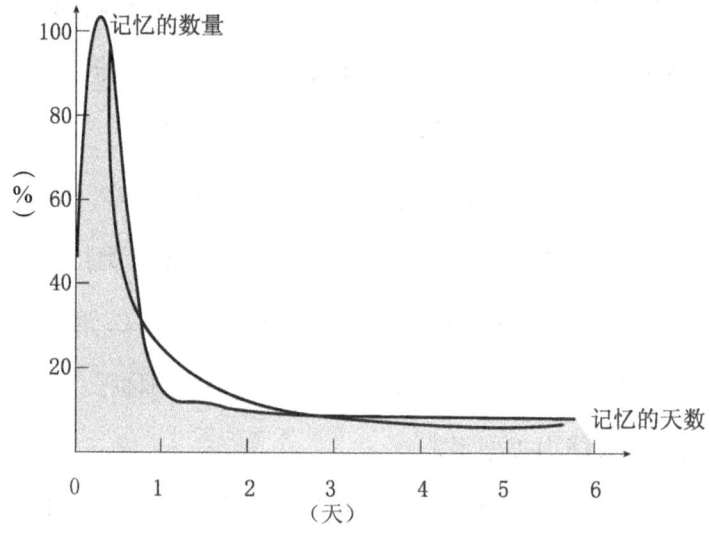

图5　艾宾浩斯的遗忘曲线

如果把遗忘曲线反其道而用之，就变成记忆曲线，即在即将遗忘之前赶紧重复，学习的新知必须在24小时内重复一次，之后每24小时，最好12小时复习一次，保证跟新知经常见面。记忆的关键是跟新知多打照面，而不是一次性背很多遍，过后扔下不管。一般来说，坚持每12小时复习一遍，若能够坚持一周时间即可达到中长期记忆的效果。

有人用记忆规律记单词，每天可以记住上百个单词，每个单词都可以用左右脑、精加工等方式记忆，再坚持每12小时复习一遍，一个星期就能记住上千单词。所以，大脑记忆是有规律的，知识类的教学要把握上述几条规律。

现在的中小学教育中有不少不顾客观规律蛮干的，小学生的家庭作业经常要求把生字抄写十遍二十遍，我理解老师的本意是用行为主义的强化理论让孩子形成固定反应模式。行为主义对动作技能的训练无可厚非，但对记忆生字这样的知识，要记住则需要一段时间内多见面，一次强化多遍效果并不明显。

3．知识学习的三道坎

当代著名的教育家马扎诺总结出，把能力有效传授给学员并使其产生行为改变的过程中要突破学员自我系统的三道坎。

第一道坎是激发学员的兴趣，学员愿不愿学，有没有价值？

第二道坎是解决学员能不能学的会，学员愿意学了，又能学得会，专业点说就是解决认知策略的问题。

第三道坎是在运用所学知识完成任务时，有积极的情绪反应，即愿意用。学员愿意学，也努力去学了，知识在现实生活中如何应用？知识的灵活运用需要学员充分发挥自己的想象力和创造性，而没有积极的情绪带动，知识很难被灵活运用。

第一道坎解决意愿问题，第二道坎解决能力问题，第三道坎解决实践应用问题。这三道坎马扎诺分别称为重要性、效能感和情绪反应。三道拦路虎任何一道都能把学员拦到外面，使其最终不能掌握所学知识。

马扎诺的这三道坎在知识教学中依然适用。其一，要有效学习知识，首先需要解决学习者的意愿问题，只有学习者自己认为所学的知识对自己有价值，才会积极投入学习，其实学习任何技能都要先解决意愿问题，这一点在前面讨论过。其二，对概念性的知识，因为比较抽象，帮助学习者理解是记忆的前提。其三，知识就算临时记住了，现实生活中不运用或缺乏运用的动机，也迟早会沦为在大脑中游离的"太空垃圾"，久而久之被遗忘，提取不出来。

事实上，提取不是知识学习的目的，应用知识解决问题才是最终目的。篇幅所限，这里不做知识应用和迁移的更深层探讨。

4. 知识积累的加速效应

《道德经》有言："合抱之木，生于毫末；九层之台，起于垒土；千里之行，始于足下。"知识的积累需要一个漫长的过程，所谓十年树木，百年树人，饱学之士，一定是长期积累出来的。知识不能像电脑拷文件那样，拿个优盘拷过去完事，积累的过程没有捷径。

更重要的是，人们用旧知消化新知，掌握的旧知越多，消化和吸收新知的能力越强，因为大脑进行联想、精加工的素材也越丰富，可以把新知和旧知进行类比的维度也越多，所以知识的学习有一个

加速效应。最近看了一个微博很有启发,有两个算式:

$$1.01^{365}=37.7834$$
$$0.99^{365}=0.0255$$

如果每天进步 1%,则一年积累下来是原基数的 37 倍多;如果每天退步 1%,则一年下来只有原基数的 2.5%。两组结果比较一下,还是非常令人震惊的。

二十年前,我有幸看到胡适先生在北京公学 18 年级(应该是 1929 年)毕业典礼上的一段讲话。

> 诸位毕业同学:
>
> 你们现在要离开母校了,我没有什么礼物送给你们,只好送你们一句话罢。
>
> 这一句话是:"不要抛弃学问。"以前的功课也许有一大部分是为了这张毕业文凭,不得已而做的。从今以后,你们可以依自己的心愿去自由研究了。趁现在年富力强的时候,努力做一种专门学问。少年是一去不复返的,等到精力衰退时,要做学问也来不及了。即为吃饭计,学问绝不会辜负人的。吃饭而不求学问,三年五年之后,你们都要被后进少年淘汰掉。到那时再想做点学问来补救,恐怕已太晚了。
>
> 有人说:"出去做事之后,生活问题亟须解决,哪有工

夫去读书？即使要做学问，既没有图书馆，又没有实验室，哪能做学问？"

我要对你们说：凡是要等到有了图书馆方才读书的，有了图书馆也不肯读书。

凡是要等到有了实验室方才做研究的，有了实验室也不肯做研究。你有了决心要研究一个问题，自然会撙衣节食去买书，自然会想出法子来设置仪器。

至于时间，更不成问题。达尔文一生多病，不能多做工，每天只能做一点钟的工作。你们看他的成绩！每天花一点钟看十页有用的书，每年可看三千六百多页书；三十年读十一万页书。

诸位，十一万页书可以使你成一个学者了。可是，每天看三种小报也得费你一点钟的工夫；四圈麻将也得费你一点半钟的光阴。看小报呢？还是打麻将呢？还是努力做一个学者呢？全靠你们自己的选择！

易卜生说："你的最大责任是把你这块材料铸造成器。"

学问便是铸器的工具。抛弃了学问便是毁了你自己。

再会了！你们的母校眼睁睁地要看你们十年之后成什么器。

民国 18 年 6 月 25 日

这段话对我最大的启发是：人一生中最大的责任是把自己铸造成器。从那时候开始我真正意识到坚持学习和知识积累的重要性，于是坚持了二十年，到今天终究算是一个有点积累的人。我的座右铭是"伏久高飞，厚积薄发。"也是受胡适先生的这段演讲启发而喜欢上这两句话的。由此也可以看到，促使一个人态度改变的因素有时候很随机、很偶然，而关键的态度一旦改变，对一个人的人生乃至外界都会有巨大的影响。这是后话，在态度教学策略的章节还会讨论。

三、技能掌握要看自动反应

> 技能又被称做程序性知识，所有能被称做技能的，都会有个步骤和流程。

最典型的是动作技能，比如体操比赛的这些运动员，他们的每个动作都是有步骤的。加涅把布卢姆所说的技能细分为智慧技能、动作技能和认知策略（学习技能），主要是为了区分以动手为主和动脑为主的两种技能。我倒认为在教学实践中，智慧技能和动作技能的教学策略非常相似。

1. 潜意识反应是掌握技能的标志

今天，社会上的技能培训存在很多误区，在崇尚大忽悠的行业背景下，为数不少的技能培训演变为讲师的个人秀。销售技巧培训没有学员演练，讲师培训的课堂上学员没机会站讲台，这样的事情屡见不鲜。还是让我们一起回到问题的根本，探寻学员掌握技巧的根本机理和教学策略。

熟练就是潜意识反应

谈到技能的掌握，我经常会想起《卖油翁》的故事。

> 陈康肃公善射，当世无双，公亦以此自矜。尝射于家圃，有卖油翁释担而立，睨之，久而不去。见其发矢十中八九，但微颔之。
>
> 康肃问曰："汝亦知射乎？吾射不亦精乎？"
>
> 翁曰："无他，但手熟尔。"
>
> 康肃忿然曰："尔安敢轻吾射？"
>
> 翁曰："以我酌油知之。"乃取一葫芦置于地，以钱覆其口，徐以杓酌油沥之，自钱孔入，而钱不湿。
>
> 因曰："我亦无他，惟手熟尔。"康肃笑而遣之。

"无他,但手熟尔"大概是掌握技能的诀窍。拿现在心理学的观点阐释,卖油翁让油穿过钱孔而不湿的功夫显然是长时间强化的结果,这些动作都是潜意识完成的。所以,我经常讲,当某个人清楚自己在运用某技巧时,恰恰说明他是新手。当一个人背着口诀:左打两圈轮,右打两圈轮……最后完成倒库移库动作,恰说明这是一名新司机,有经验的老司机非常麻利地把车倒到车位上,却说不上来是怎么打的轮,反正习惯性地就进去了。正如《易经》上讲的:道是百姓日用而不知的。新技能被掌握的标志是与旧的技能融为一体,受训者不再刻意去做动作,而仅凭潜意识反应就能完成。

以上所论,偏重于动作技能,那么智慧技能是否也是同样的道理?给大家分享一个中学数学老师的例子。

> 去年送儿子去补习班,顺便在后排旁听了一堂初二的数学课。现在北京中学生周末补习班的老师多是名校出身,很多都是清华北大毕业,高考成绩很好,至少也属于当地的地区状元。我观察发现这些老师的一个特点:他们脑海里存储了很多范式,一般的学生只掌握公理、定理,解题时需要根据公理定理一步步推导。而这些老师则反应极快,他们看到一点特征即可反应出一个范式,原来,他们题做多了,脑子里积累了很多"半成品的范式",一看就知道该怎么处置,就像下象棋下多了就会积累很多"定式"一样。

智慧技能的培养也同样需要熟能生巧。

所有技能的学习都有一个有意识刻意为之，到潜意识自然完成的过程，动作很熟练了，意识就"授权"给潜意识来自动完成，这才叫彻底掌握。

技能掌握全靠"习"

今天很多培训效果不佳的一个重要原因是"学"和"习"的脱节，只有"学"，没有"习"，这个现象在技能培训中尤为突出。比如销售技巧是典型的技能培训，下面的案例能够解释很多培训无效的原因。

销售技能提升通常是企业大老板最关注的事情之一，因为销售是业务龙头，大老板最关注业绩。很多企业的销售培训都是请外部大腕讲师，大腕把销售员鼓动得激情澎湃，可是销售员的业绩并没因此提高，培训组织者就再换一个大腕讲师讲另一门课程。几年下来，销售员都上了二十多门课程，销售技能还没有显著提高。我对此现象做过深入反思：难道非得要把销售员培养成博士，才会做销售吗？

其实，深层次的原因就是对销售员的销售培训中只重

"学"而忽视了"习"这一重要环节。分析一下，销售员的核心任务就几件事：打电话、拜访、开发方案、谈判、签约等，用得着那么多课程吗？培训了很多门课，实际上每门课都学了但不会运用，技巧课程的重心应该是练习而不是学新知。大腕讲师们大讲特讲销售原理、销售心理学、销售策略……反倒让销售员莫衷一是，不知道信谁的，就像手腕上戴了多块表反倒不知道几点一样。

举一个非常常见的情境，假如某讲师给销售员讲拜访客户的5个步骤：怎么做自我介绍，怎么做开场白，怎么提问，怎么处理异议等，课堂上讲师讲得天花乱坠，道理讲得无比明白，遗憾的是课堂上没有练习。讲师在下课的时候嘱咐学员：要点就这么多，你们回去再琢磨琢磨。假如有40个学员参加了这个培训，请问，有多少学员回去愿意尝试一下？通常情况下10%，即4个人愿意尝试。

假如某一位优秀的学员决定在客户拜访中试一下。他做了充分的准备，一路上都在琢磨讲师讲的拜访五步骤。一敲客户门："张总，您好，我是……"一套话术讲完，张总愣了一下，直接说："你有事说事，别绕弯子。"坏了，张总根本不按讲师传授的套路应答。这下销售员傻了，他绝不会怀疑客户有问题，也不会怀疑自己应用过程走偏了，转而疑虑讲师传授的这些技巧是不是太理论化了？不实

> 用。销售员慌忙回到自己原本的拜访习惯套路上来,才避免了尴尬。请问,这位销售员下次还会用讲师教的拜访技巧吗?大概不会了,甚至他还会告诉别人讲师教的招数不实用。唯一的火种也被熄灭了,这次培训的效果几乎为零。

该怎么办呢?技能培训怎样做才有效果?我的建议是反复练。比如把学员两两组对,一个扮演客户,一个扮演销售员,每个环节课堂上至少练习四遍,练完之后学员相互给反馈,讲师给予点评和纠正。还可以让销售员组团模拟打单,集体做标书,模拟讲标,课堂很像真实的工作情境,课程激发了学员的争胜心,学员自发地熬夜做标书。所以,技能类的培训必须习,习到什么程度?习到把各种可能情况都练一遍,无论什么脾性、什么风格的张总都能应对。让学员在课堂上就能应对各种变化的情境,有强烈的信心,有马上就要在实践中一试身手的冲动,也许这样可达到 30%~50%的使用新知的概率。假如有人试了有效果,他也会给周围的同事介绍经验,这个培训就有点效果了。

销售技能的课绝对不能讲太多的知识,就要练,练会为止,甚至课后跟踪学员练习应用的状况。如果发现学员应用过程中存在问题,还可以就同样的技能做提高班或问题交流研讨班。我们通常的做法是,把原来的课程重新包装,换个名字、改改案例、变换演练形式,其核心理念和技能还是原来的课程,把学员召集上来再上一遍，这样学员在两次课堂上就有机会把同样的技能练习八遍。一些聪明的学员很快就会发现这次培训跟上次的课程是一样的，只是换汤不换药，一脸困惑地来问我缘故。我回答说："关键的不是讲师讲了没讲，而是你会了没有，只要学员没有真正掌握，就要反复培训，变换个花样再培训是为了消除学员的厌倦感。"

以前很多技能培训的误区就是不断挖井，挖了很多口井，但还是没挖出水。我经常警告我们的讲师：讲师一定要尽最大努力把问题放在自己能控制的范围内去解决，向课堂要效果，如果寄希望于学员课后怎么加强练习，效果一定是令人失望的。讲师为了节约时间让学员自己练，一定是自欺欺人的，不会有效果。动作技能一定要在课堂上练到学员有强烈的使用欲望，在课堂上做好"学"和"习"的接轨。

2．掌握技能的五大策略

首先假设解决了学员学习某个技能的意愿问题，即学员强烈想学。然后探讨如何更有效地教学员掌握动作技能。

观察模仿

观摩是人的本能。不管有没有人教，不管在不在课堂，其实人的学习是自然存在的，我们所有人都自然不自然地从外界学习了很多知识，甚至有时候我们自己毫无觉察。自觉学习的能力是人类适应社会最强的能力。

> 心理学家班杜拉做过一个实验。他让三岁的小孩分为两组，让其中一组的小孩透过玻璃窗观察教室内一些大人的行为，这些大人正对一些充气娃娃拳打脚踢，之后，这些大人离开。然后，先后放这两组小孩进入教室，观察发现刚刚看到大人踢打充气娃娃的那一组小孩一进教室就不约而同地对充气娃娃拳打脚踢，而没看见过大人踢打充气娃娃的那一组小孩却没有这个行为。由此可见，学习是自然发生的，我们拥有的知识绝大多数都不是来自课堂，而是我们自己自然学会的。还可以发现，人们的学习受社会环境的影响极大，所以班杜拉提出了社会学习理论，只要把人放到特定的社会群体里他自然就会学习，他的社会学习理论也被认为是建构主义教学的基础。

观摩是学习技能的第一步，甚至有时候只需要观摩就可以。人们主动观摩得到的知识远远多于在课堂上得到的知识。林黛玉进贾府处处小心，其实她也在时时观摩。观摩甚至是灵长类动物的本能，俗话说：南山猴，一个磕头都磕头，人家都那么干，我也那么干。若是那么干还有某种好处，学习的意愿就会更强烈，学习速度更惊人。中国古人早都注意到这一点，所以我们传统的教育非常强调身教胜于言教，管理者要身先士卒，强调榜样的力量是无穷的。

分解练习

分解练习很容易理解，稍微复杂一点的技能都要分步骤讲解和练习。分解练习有两个重要的价值：其一，分解过程便于学员对技能的理解，理解是掌握的基本条件；其二，分解能够有效地降低学习的难度，我说过简单、有效、可复制，简单才学得会，有效才愿意用，标准才容易复制。先观摩，再分解练习，再整合全部过程，最后反复应用，是技能类培训的惯用套路。

完整试做

五星教学中的应用新知过程就是让学员完整试做的过程，这个环节学员要有意识地做出相应的动作。试做是技能类培训必不可少的环节，老师要在这个环节中对学生多一些鼓励，增强其信心，让学员感知到并不难、自己能和成就感。

很多运动员培养中采用了视觉想象的办法，视觉想象非常有助于改进复杂动作的行为表现。研究发现：当运动员视觉想象一套动作的时候，他的肌肉几乎会做出同实际训练一样的微弱反应。虽然这些反应是微弱的，但对于以后提高运动绩效帮助很大。很多运动员在做一套动作的时候都做着完美完成整套动作的视觉想象，视觉想象有助于形成隐形记忆和肌肉记忆。鲁泰斯有一句话：想象×逼真=未发生的未来。逼真想象能够调动潜意识参与，潜意识就是个自动导航仪，强化久了会自动运行。

反馈纠正

在学习技能过程中，及时正确地反馈与纠正至关重要。很多技术工种最有效的培养方式是师傅带徒弟。我认为，师傅带徒弟的好处很多：不仅给徒弟一个随时可供观察和模仿的样板，而且也解决了反馈的及时性问题。

我认为在工作中学习有很大的潜力可挖，其中最有潜力的是培养各级经理人的反馈技巧。员工培养过程中的绝佳机会不是在课堂，而是在工作现场。课堂上只能模拟业务情境，一模拟，情境的真实性、时效性就大打折扣，而现场教育的情境是活的，如果在事情发生当下就对员工提出及时的反馈和纠正的话，对员工的触动会很大，教育的效果也会很好。遗憾的是，多数上级在事情发生的时候，把全部精力投在事情本身上，从而忽视了对人的教育。如果管理者能拿出 5%的精力给下属以反馈，那么员工在工作中学习的效果会很好。

及时的反馈纠正还有一个不可替代的作用，就是避免学员把某种错误的动作保持太久，从而养成不好的习惯，再来纠正就非常困难。比如，很多成年人的游泳姿势不标准，但已经习惯成自然，很难纠正。

反复练习

技能一定要反复练习，持续强化，最终形成习惯，动作技能尤其要如此，最后要达到潜意识自动反应的境界。课程讲多了，讲师就能达到潜意识反应的状态，讲课的时候 70%的内容都是潜意识自动反应，讲师把主要精力用于洞察学员反应，营造课堂氛围。我个人认为，一位好讲师应该有把某一门课讲过 20 遍以上的经历。讲前 5 遍课的时候，讲师的大部分意识和精力都倾注在要讲的内容本身上，基本顾不上学员。当讲到 5 遍到 15 遍的时候，讲师才能用很好的形式、观察学员的反应、营造良好互动的氛围、循循善诱又能有效控场。讲到 15 遍以后，讲师才能真正体会到建构主义教学的真谛，才能超脱内容、忘掉自己，与学员融为一体，一起建构。讲了 3 遍就产生了厌倦感的老师，我个人认为很难成为大师。

心理学有个说法，凡事要强化够 1 000 小时，可以达到熟练的状态，坚持 10 000 小时，可以达到专家的水准。我想，当讲师也一样，头 1 000 小时的授课积累非常重要。

在反复练习的过程中，学员有机会不断反思和揣摩，甚至对技能有自己的改造或者灵活运用——能方便地迁移到不同的情境中，解决多种变式问题。

丰田集团根据多年的产业经验积累出五步法——告知、示范、试做、纠正、练习，以培养汽车产业工人的各类动作技能。实践出真知，值得在动作技能传授中借鉴。

3. 养成习惯的三要点

有人总结了技能培训的三段十二字诀："我做你看，我带你做，你做我看。"这个归纳很见中国功夫，很精辟，即一个观摩、练习、接受反馈、持续改进的过程。最后，还是要搬出马扎诺的理论探讨一下技能培养的三道坎问题。

技能培养的第一步还是激发兴趣：给学员一个学习的动力，包括能学会的自信心。比如我的很多朋友鼓励我去打高尔夫球，我就坚决不去，为什么呢？我从小就在动作技能上缺乏自信，几乎没有喜欢的球类运动，所以就不愿意去。意愿问题解决后，就要解决策略问题。怎么样才能学会。策略问题解决后，就是应用问题，实用中遇到问题怎么解决，这三道坎有一道过不去，学员就学不会。分享一个小孩子学打乒乓球的案例。

> 一个8岁小孩，遇到一个叔叔要教他打乒乓球。一开始小孩死活不去，因为小孩跟爸爸打过，对自己的乒乓球水平没自信，提不起兴趣。这是第一道坎，没解决意愿问题。叔叔动员了半天，小孩终于去了，还要带着爸爸壮胆。先打了一局，小孩发现其实叔叔并不是高不可攀，虽然输了，但比分相差也不大。打了几局以后，在爸爸帮助下，小孩居然打赢了一局。结果怎么样？信心大增，之后和叔叔互有输赢，小孩很高兴。

此后，小孩喜欢上了打乒乓球，经常找叔叔打，互有输赢。两年下来，小孩乒乓球水平快速提高，多数大人已不是其对手，唯有叔叔依然与他不相上下。

这个叔叔后来说，他在教小孩打乒乓球的过程中完全放下自己来适应小孩。他很清楚什么时候该喂他一些舒服的球，来激发他的内在能量。这位叔叔大概深谙建构主义教学之道。

总结一下，几乎所有的技能掌握都有三个基本的过程：开始的时候有兴趣，过程中有快感，最后有成就感。然后，上一次的过程体验和成就感再次激励了参与的兴趣，形成积极的正循环，最后就达到沉溺的境界。我甚至认为，每个人都需要一个能让自己沉溺其中的爱好，任何事情都可能成为能让人上瘾的爱好。小孩子很容易沉溺于游戏，一开始有兴趣，过程中有打败怪兽的快感，最后满足于自己获得的积分，很有成就感，于是激发进一步参与的兴趣。假如玩游戏打怪兽，从来打不赢，他的兴趣也会慢慢消失，假如打再多的怪兽，都没有积分的增加，时间长了也会兴致索然。

因此，管理和培训中都要设计恰当的激励，让参与者有玩游戏一般的感觉。当一个人沉溺于自己的爱好中去，就忘了时间、忘了自己的存在，心理学家契克森米哈赖称其为心流（flow），是最幸福的状态。管理学上有一个进展原理，就是当人们看到某一行为产生的积极结果时，就会激励其更加投入地参与。所以，在技能培养中要善于利用进展原理。

人们参与任何事情之前能在找意义，过程中找快乐，结束后找成就感，就会形成良性循环。相反，如果一件事开始之前没找到意义，中间没找到快乐，最后没有成就感，参与者肯定不干。

四、态度改变需要价值重定位

> 态度的教学是一个很有争议的话题，甚至很多人否认态度属于能力的范畴，还有人承认态度属于能力范畴，却否认态度是可以培训的。

我个人的观点是：第一，态度毫无疑问是能力，而且对技能、知识的影响很大，态度改变一点，行为会改变很大。第二，既然态度是可习得的，那么一定是可培养的。为了探索态度类教学的方法，我曾做了一个主题阅读，阅读了四十多本教学设计原理、教育心理学的书籍，发现教学设计的书籍对态度类的教学绝少有让人耳目一新的论述。后来，转而求诸心理学，反倒有一些收获。

1. 态度背后有台阶

我们知道，人都是趋利避害的，价值决定态度。然而价值也有大小轻重，同样的态度，背后的动因却未必一样，每个人都根据自己的价值进行判断，并以自己的认知做决策。古文《邹忌讽齐王纳谏》很好地阐释了这一道理：

> 邹忌修八尺有余，而形貌昳丽。朝服衣冠，窥镜，谓其妻曰："我孰与城北徐公美？"其妻曰："君美甚，徐公何能及公也！"城北徐公，齐国之美丽者也。忌不自信，而复问其妾曰："吾孰与徐公美？"妾曰："徐公何能及君也？"旦日，客从外来，与坐谈，问之："吾与徐公孰美？"客曰："徐公不若君之美也！"明日，徐公来，孰视之，自以为不如；窥镜而自视，又弗如远甚。暮寝而思之，曰："吾妻之美我者，私我也；妾之美我者，畏我也；客之美我者，欲有求于我也。"

邹忌妻子、小妾和客人对邹忌的容貌表现出来的都是一个态度：美。但三人态度背后价值判断的依据不一样，妻子是因为真爱，发自本心，小妾是因为害怕，为避害计，而客人则是"有求于我"，为趋利计。佛家最看重发心，表面都在佛龛前膜拜，但发心各不一样。态度背后是个人的赢，而且每个人的赢又不一样。

豪恩斯坦认为态度从弱到强可以分为五级：接受、反应、价值化、信奉、性格化。最初级就是接受，即对别人的观点表示理解和认同，但自己未必有实际反应。第二级是反应，态度的改变反映在行为上，能够被觉察到。第三级是价值化，价值化是理性思考的结果，认为有价值就支持、追随。第四级是信奉，比价值化更上升了一步，成为价值观，至此不再需要每次遇到同样的情境都经过大脑皮层理性推理再做决策，而是大脑直接授权给边缘系统做出情绪反应，从理性到了感性。第五级则是性格化。什么叫性格？性格是指一个人所表现出来的相对稳定的心理特征和行为特征。态度达到性格化，比如追求卓越就可能是一个人稳定的行为特征，属于性格的一部分。

总之，态度的核心是价值，价值是理性判断的结果，长久稳定的价值判断就成了价值观，即信仰，在信仰的支撑下表现出来的长期稳定的态度，即是性格。分清性格的内在机理和五个台阶，对态度的教学策略设计非常有价值。根据这个阶梯就容易理解一个现象：为什么说教对态度的改变非常有限，因为价值必须是当事人自己的判断才算数，老师说得再有价值那是老师的，学生总能找到自己跟别人不一样的理由来拒绝接受。理性思考对态度改变的贡献顶多到第三级的价值化，态度要彻底改变，还必须加上情感的力量。越高级、越稳定的态度级别越需要时间的浸淫和情感的渲染，在课堂上要让态度彻底达到五级比较困难。

2. 态度改变故事会

详细讨论态度的教学策略。究竟有哪些因素能改变态度呢?尽管我们不能很快给出答案,但并不缺乏改变态度的素材。在教学设计课堂上,我经常安排一个叫态度改变故事会的环节。即每个人分享一个成功改变态度的故事,被改变的对象可以是自己,也可以是别人,每小组选拔一个最精彩的在全班分享,最后引领学员一起归纳分析出态度改变的要素。先分享几则典型的故事吧。

【故事1】迟到的约会

假如我中午约一个刚认识的朋友吃饭,说好12点见面,结果到下午两点我还没赶到约会的地点。请问,我的朋友对我这个人有没有看法？如果这位朋友对我了解不深的话，绝大多数情况会对我有看法：初次约会就这么不靠谱，这人肯定不怎么地。结果到了两点多，我风尘仆仆、衣衫不整地赶到了约会地点，脸上还挂了彩。一见朋友就接连道歉说："实在抱歉，路上出了状况，我来晚了。"然后告诉朋友，在路上碰见一个劫匪正在实施抢劫，我奋不顾身上前擒拿，把劫匪扭送公安局，我自己也受了点轻伤，所以来晚了。请问，听了我的遭遇，我的朋友对我的态度会不会改变？如果会，为什么？

【故事2】触龙说赵太后

公元前265年，赵惠文王卒，子孝成王新立，由太后掌实权。秦乘机攻赵，连拔三城，赵形势告急。此时只有连齐抗秦，才是上策，然而，齐国答应出兵救赵的条件是让赵太后的幼子在齐国当人质。太后不肯，大臣强谏。太后盛怒："有复言令长安君为质者，老妇必唾其面。"这种情况下，触龙先避开主要矛盾，转而为自己的儿子求差事，借此事隐喻太后对幼子的爱，其实并不是真正的爱，真正的爱就要为儿子日后的发展考虑，使其为国家建功立业，积累政治资本才是长久之计。最后太后决定让幼子为人质。请问驱使太后态度改变的因素又是什么？

【故事3】学员分享：一段中学往事

我从小就是老师心目中的好学生。初一的时候，从乡村小学转入县城初中。英语课堂上，老师让学生回家背诵句型，说第二天要听写，我回家没背，也没在意。第二天，老师偏偏抽查让我到黑板上听写。我只能硬着头皮上去，结果我只会写 is、it 这样特别简短的单词，老师点评说："你的表现可真不像我听说的你。"我当时真的是无地自容，那堂课对我刺激很大，我一直是个好学生，绝不能让大家看不起我，绝不能落后。从那以后，我每天 5 点半就起床背单词、背课文。以至于初中毕业前的一次全校英语竞赛取得第一名。请问：是什么因素改变了故事主人翁的态度？

【故事4】学员分享：非典的特殊经历

2003 年非典期间一段非同寻常的经历改变了我的价值观。那时候我有一个自己的公司，下面几十号员工整天围着我转，我感觉自己很有能力、很重要。不巧，在非典期间正好感冒了，结果被强制隔离一周，除了一天送三顿饭，没有人理我，人人都对我避而远之。熬到第五天的时候，我失眠了，一夜没睡着，想了一个非常哲学的问题：我感觉自己已经不属于这个世界，跟死了没什么两样。原来我老觉得自己很重要，很多事情都离不开我，现在被隔离到这儿，跟死了一样，地球不照样在转吗？

> 我彻夜思考，最终想明白一个道理：我对这个世界的需要远远大于这个世界对我的需要，如果我能活着出去的话，我一定要在这个世界做一些事情来体现我的价值，我需要给别人做些事情来证明我还有价值，我需要跟世界站到一起。五天没有我了，世界还是那个世界。那次经历之后我的价值观发生了很大的改变，不再争名夺利，而更加珍惜能跟世界在一起，能给别人一点价值的感觉，我觉得自己一下子活明白了。请问：是什么因素驱使这位学员态度改变？

建构主义课堂犹如吸星大法，每堂课都会收集到很多精彩的故事。

3. 影响态度的五要素

仔细品味和分析以上几个经典的改变态度的故事，不难析取出改变态度的关键要素。下面分享我的研究成果，我认为支撑态度这个大厦的背后有五根柱子：假设、信息、价值、身份和系统。

假设

故事1中，主人翁跟还不熟悉的朋友约好吃饭，约好时间和地点，朋友左等右等不见人，打电话也不接。朋友的态度难免会变化，为什么？因为这时候朋友的大脑出现了认知不和谐，眼前的景象不是他原本所设想的，认知不和谐就会产生焦虑情绪。约会迟到，打电话也不接，朋友难免会猜想：这家伙去哪儿了？做事不靠谱还是故意摆谱？重色轻友会见女朋友把我忘了还是遇到车祸？他得不到确切的信息，就先编选一个自己假设的理由对当前的景象一个自认为合理的解释，一旦解释通了且自己接受了这个解释，对主人翁的态度就发生了改变。

这个改变的主要因素叫假设。人不可能洞察到全世界的信息，所以我们的大脑有一个习惯，对自己不知道的信息会根据自己所了解的情况和自身的思维习惯进行猜测，我们的大脑始终试图对眼前发生的事情进行合理的解释，否则就会产生认知不和谐，就焦虑睡不着觉。当我们相信了我们的假设而解释通了，认知和谐了，意义和价值同时也就形成了，态度也随之改变。

问题是，这些假设通常是错的，建立在错误的假设基础上的结论也是偏颇的，但人总是以自己的认知做决策。每个人的认知都有其背后的依据和假设，质疑结论必先探寻结论背后的假设，直接和结论争辩是不会有说服力的。

前一段有个微博很火爆，是测算你的女朋友值多少钱？还有一系列的加减项：什么戴眼镜扣 100 元，爱吃零嘴扣 200 元，爱买衣服扣 200 元，留长发加 100 元，大学文凭加 100 元，孝敬父母加 200 元……为什么多数人认为这是瞎扯？怎么推翻他的结论呢？乍看起来，他选的标准都是普世标准，条条都蛮合理的。他错在哪里？错就错在基本假设上，即假设老婆是能拿钱来量化衡量的。

很多结论都是在一个错误的假设上嫁接了一段完美的逻辑，看上去很合理，其实经不起推敲。要推翻这种结论需要先考问其逻辑背后的假设。基督教的基本假设是世界是上帝造的，上帝是万能的，所有的教义是从此展开的演绎，信仰基督教需要无条件选择接受这一基本假设。

为什么很多人喜欢野史？野史多属一些文人编写，其中掺杂了很多他们根据自己猜想和演绎的假设，而这些猜想和演绎又更接近老百姓的思维方式，就算听故事，人们也喜欢听那些编得圆的故事。记得马克·吐温说过：真实的故事有时比虚构的故事更离奇，因为虚构的故事往往要考虑其客观合理性，而真实的故事则不用。

信息

回到故事1，当主人翁给他的朋友解释了自己的遭遇之后，朋友的态度会不会改变？极可能会：原来站在我面前的朋友是个大英雄呀。为什么？朋友用眼前的事实替换了他曾经设想的假设，于是态度就改变了。所以，态度最神奇之处是存在快速改变的可能，有句谚语说：话是开心的钥匙。当人们获取了某种更值得采信的信息后，就会改变大脑中原有的猜测形成的假设，支撑态度的柱子被替换了，态度也就改变了。再举一个学员分享的例子。

> 某批发市场周围有一位捡破烂的大爷，穿着破破烂烂，到处捡矿泉水瓶、翻垃圾箱盖，周围的商贩、居民避而远之。有一天，人们看到几个大学生来看大爷，后来才知道老大爷曾经也是很体面的工作人员，退休后常年资助贫困大学生完成学业，捡破烂挣钱是为了贫困大学生的学费。陡然间，周围的人对老大爷的印象就不一样了，有人主动把自家的矿泉水瓶攒起来给大爷送去，有人还解囊相助……

这个例子也说明了信息对态度的影响。当人们了解到大爷的事迹之后，信息替换了内心的假设，态度立马变了。当然，很多时候的假设也是根据当时有限的信息分析、归纳的，也不是那么容易替换，替换也需要多条信息替换。人们对新信息的可信性也有个从质疑到采信的过程。

价值

故事 2 来自《战国策》的名篇，脍炙人口，触龙的游说可以说达到了冰火两重天的效果。最初，太后极其反对送其幼子做人质，扬言：谁再劝谏，我唾谁一脸。太后的这个态度背后是有其价值判断的，太后左右权衡，觉得爱幼子甚于爱国家，不能让我做这么大的牺牲呀。而触龙首先肯定了太后爱幼子的感情，这就是同理心，然后把太后的小爱纳入到更大的价值体系之下，最终让太后明白了一个道理：送幼子为质，使其为国家建功立业对幼子及她的价值更大。于是，意义和价值变了，太后的态度也就随之变了。

人们无时无刻不在探寻意义和价值，然后进行利弊权衡，利害相杂取其利，两利相杂取其大，两害相权取其轻，仅此而已。

我有一个朋友去应聘一个媒体的职位，谈了几轮以后犹豫不决，觉得其他条件都不错，就是待遇太低了，比起前一个单位收入水平下降很没面子，然后听取我的意见。我问他："这个平台还能给什么原来的单位给不了的东西？"他说："就是这个平台，能很快拓展我的人脉关系和社会知名度？"我问："你更看重短期利益还是长期利益？拓展人脉关系和社会知名度能为未来带来收益？假如两年后你在工作圈子里小有名气，你觉得这些人脉和名气价值多少钱？"他听完我的话，一拍大腿："不说了，我决定去……"这是一个典型的价值重定位的故事。

假如你是一个大腕，也是某航空公司的 VIP 会员，机场过安检，突然变得比往常烦琐，你觉得有点撮火，对安检员很不耐烦："为什么这么烦？"安检员耐心地告诉你："接到上级通知，最近恐怖分子活动猖獗，提升安检等级。"你的态度会改变吗？为什么会？原来忍受小小的不便是为了更大利益（生命安全），找到了更大的价值定位，态度就变了。再如，你正在路上行走着，突然被别人猛力一把拉倒，跌坐在路边，当你正要发火时，发现一辆飞快的汽车从你身边驶过。你还怪拉你的那个人吗？在两个价值冲突的时候，人们总是权衡更大的价值。

身份

故事 3 的主人翁身上一直贴了一个好学生的标签，不仅自己认为自己是好学生，也是老师和同学眼中的好学生。而一次众目睽睽之下的单词听写表现非常糟糕，老师批评说她不像传说中的好学生，自己也觉得自己的表现跟自我形象不符，于是痛下决心，要让自己像自己，每天坚持学习，态度改变了。其实，自我形象也是透过价值观起作用的，好学生的自我形象决定了刻苦认真学习的价值观，价值观决定了学习的态度，态度决定了每天五点半起来学习的行为，行为决定了最后竞赛得第一的结果。可见，身份是一个人态度改变的因素。

还有一个来自农村的例子。村上有一个无赖，谁当村长他就跟谁耍泼，村里的什么政策执行到他那里就卡壳，还扬言说，要是他当了村长就不是那个样子。后来，村民们果然推举他当村长。他当了村长，情况大为改观，村里的所有事情都干得漂漂亮亮，原本一些跟他一样耍泼的村民，也因为害怕他而变得顺顺溜溜。在其位，谋其政，换了位子、换了身份，态度就变了。身份不同，视觉不同，价值诉求不同，对同样的事情态度也就不同。这就是我们常说的"屁股决定脑袋。"

系统

故事 4 的主人翁是一个小老板，在他生活的圈子里很风光，呼风唤雨，志得意满，当然会觉得自己很重要。特殊时期的一场特殊遭遇，把他置身于一个几乎与世隔绝的新系统里，促使其想明白了一个高深的道理："地球少了我照样转，我需要这个世界，我要给社会做点事情以体现我的价值。"这就是他生存的社会环境变了，进入另外一个社会系统，态度变了。实际上系统改变是身份改变的延续和扩展，我们每个人都同时在很多系统中，我们在不同系统中担任不同的角色，角色不同，价值取向不同。系统对个体态度的影响，是通过角色身份起作用的，再往前推，还是要回到价值上，价值是最核心的。

有的人在单位很和蔼，回家却打老婆；上班像霜打了一般，下班逛酒吧却生龙活虎；在这个群体是一种表现，在那个群体是另外一种表现。海灵格《家庭系统排列》就是讲系统的，里面有很多生动的案例。假如一个人很憎恨自己已经去世的母亲，深深陷入感情纠结中不能自拔，海灵格心理治疗的办法可能就是在现场学员里找一个人扮演他的母亲，营造一个系统，让他跟"母亲"对话，把他真实的想法、看法和委屈说出来，然后试图优化他心中的这个系统。

其实课堂也是营造一个临时的系统。有很多人害怕给高管培训，看到董事长在教室就心慌，原因就是把董事长工作中的身份带到了课堂上。有效的解决办法就是刻意强化课堂的气氛，强调课堂上大家都是学生，都为探讨问题、学东西而来，大家在这个新的系统中身份平等，这样才能放得开。在企业经营沙盘模拟的课上，尽管筹码都是虚拟的货币，学员一旦进入状态，也争得面红耳赤，互不相让。只要能让学员进入虚拟的系统中，沉溺到所承担的角色中，听课就变为一种享受了。讲师单方面宣讲的课程，学员则很难融入课堂系统。

4．改变态度的五大策略

理解了影响态度的五大要素，态度的教学策略就可以顺藤摸瓜、按图索骥了。正因为态度是学员自己想明白才能改变的，所以态度教学的总体原则应该是：在教学过程中凡是需要改变态度的内容，一定要用情境和问题来冲击学员固有的价值观，引发学员反思。当学员体验到的情境和自己内心固有的价值观产生强烈的冲突时，学员内心就产生了认知不和谐，引发了学员自身的反思，才可能引发学员改写原有的价值观。

讨论也是引发学员相互启发、促进反思最好的方式。学员组成的小组成为一个临时的社会学习圈了，圈子里对某个共同话题进行意义协商，达成共识，就是一个社会建构的过程。持有相同价值观的人在一起协商，还能起到强化每一个个体认知的作用，社会心理学称之为社会强化。

教学设计中，需要把讲给学员的道理包装到情境、案例或故事中，课堂上要给学员情境或案例，引发学员讨论和思考，最后由学员讨论发现或自己品味出其中的道理，讲师就无形中转移了道理的所有权，学员品出来的道理是他的道理，会形成属于自己的认知。讲师讲的道理永远是讲师的道理，甚至有时候偏偏因为讲师讲了某个道理，反倒引起学员的逆反心理。

下面再结合改变态度的五要素分析一下常用的态度教学策略。

提供信息

给学员提供更真实、更可信的信息，以替换其信念系统中固有的假设。支撑态度大厦的柱子除了信息就是假设，人们了解的部分叫做信息，不了解的部分就先拿一个假设的柱子替代上。比如远古的人们并不知道天为什么会打雷下雨，于是就假设这一切是神干的，敬天畏神的态度就此产生了；随着人们对自然的了解越来越深入，科学的证据就逐渐替代了信念深处的假设，人们就更新自己固有的信念系统。权威的、可信度高的、多途径被证实的关键信息，对改变一个人的态度来讲非常有效。

引导价值

价值本来就是人赋予的，价值也是可以开发的。我有一次跟爱人一起挑选一个新手机号码，挑得眼花缭乱，总是举棋不定，直到有一个号码被老婆变成顺口溜，竟然越念越顺口，立马很高兴地买下，像占了个大便宜似的。其实手机号码没什么好坏，只是我们人为地为其赋予了意义，就变得有价值了。改变态度的另一个法宝就是探索、创新、挖掘、赋予更长远、更大的意义，把事情纳入到更大的价值体系中去。我很喜欢一句话：你只能控制你意识到的事情，你意识不到的事情控制着你。这句话意味深长，"意识到"即是找到意义和价值，于是态度就变了，就会刻意"控制"。

树立榜样

树立榜样的态度教学策略实际上能够同时影响身份和系统两个要素。我们时刻都在模仿他人中学习，三人行必有我师，不管在什么环境，人总能找到可供自己学习的榜样。近朱者赤，近墨者黑，在不同社会系统中人们寻找的学习榜样不同。榜样的作用是无穷的，所以，最常见、最容易改变态度的方法就是讲榜样的故事（Reference Story），"某某某曾经如何如何，结果怎样怎样……"这样的句式在生活中比比皆是。

如果教育者所树立的榜样恰巧与学习者的自我形象相吻合，即榜样恰巧是学习者的偶像，那说服力就更强了。榜样不是神仙，人们更喜欢从那些能够学得会的榜样那里学习，榜样越是跟学习者背景出身、基础条件相仿，示范作用越大。

制造冲突

冲突可能来源于信息冲突、价值冲突、身份冲突、系统冲突等多个方面，不管来自哪个层面的冲突，都有一个共同的作用，就是造成学习者的认知不和谐。认知不和谐引发了其内心的焦虑和纠结，纠结又会引发学习者深度思考：质疑和反思，从而促进态度改变。《易经》的蒙卦上九爻辞中就有"击蒙"一说，意思是受打击让人醒悟！很多人是不撞南墙不回头的，所以撞南墙也是很好的教育方式。《企业经营管理沙盘》课程中就设计了很多陷阱，学生撞得满鼻子灰的时候，再听老师点评往往收获巨大，这就是"击蒙"的好处。

调换环境

调换环境或者角色也是最常用的改变态度的方法，这种教学策略也通常作用于身份和系统两个角色。培训中的角色演练就是明显的例子。我们的销售课中就安排学员两两组对，一个扮演客户，一个扮演销售员，由销售员向客户销售，十分钟后由扮演客户的学员给扮演销售员的学员反馈："你刚才某句话，让我听起来不是很舒服。"之后角色交换，再演练一遍。当销售员有机会扮演客户，恍若置身客户的社会系统，担任客户的角色后，态度大不一样。心理学家津巴多曾经做过实验：让一些学生自愿扮演狱警和囚犯，尽管每个人的角色都是在游戏中，可是所有这些学生扮演者很快能进入角色，扮演狱警的变得凶残暴戾，扮演囚犯的则自然委屈服从。古人讲："时位之移人也。"此言不虚。

5. 多管齐下

五大要素的核心还是价值，态度是价值的外显。信息可以改变人对价值的判断，假设是价值判断的条件和依据，价值重定位来得最直接，就是重新诠释和衡量价值，身份的差异会导致价值取向的差异，系统不同则导致身份不同，价值取向不同。我跟很多人探讨过这五大要素，听不同的人分享过不同的改变态度的故事，迄今为止还没有发现用这五大要素解释不了的态度改变故事。其实，这五大要素又服务于同一目的，那就是价值建构。态度改变的过程就是价值整合的过程。而价值一旦完成整合，就会穿上情绪的外衣，情绪又联结着内在动力。

理解了这五大要素，课堂上对态度的教学就可以有的放矢了，比如情境模拟、角色扮演、价值挖掘等都可以用上。有一次课堂上，一个学员提了一个很有挑战的问题：田老师，我有一个困惑，我们的学员参与培训的积极性向来不高，我怎样改变他们的态度，把他们从"要我学"转变成"我要学"？我当堂就安排了讨论，讨论中有人说其实表现出来就是大家参与培训的积极性不高，对每个个体来说，参与度不高又可能各有各的原因。于是，我就引导大家，尽管不知道某个个体因为什么具体原因不参加培训，但无非就是五大要素，作为设计者，何不来个"五管齐下"，试图分析五个方面的所有原因，然后逐一改进，一定会有效果。我们当场设计了下面的表格，让大家分析。

问题	怎样改变学员参与培训的态度,从"要我学"转变成"我要学"	
目标	寻找可能的原因,制定改进措施	
可能的因素	问题描述	改进措施
假设		
信息		
价值		
身份		
系统		

最后找到很多改进措施,我又让大家投票选出最重要、最容易见效的一些措施先行动起来,大家感觉这个方法很好,具有普遍的适用性。

本章所讨论的态度改变,是以价值观为核心展开的。事实上,情感和习惯是态度背后的另外两股力量,限于篇幅和专业难度,本篇不再深究。

第三章

形式、逻辑、过程可无限创新

教学设计不仅要对不同的教学内容采用不同的教学策略,还要在内容的教学形式、整个课程的逻辑结构和教学过程上下大工夫。如果说内容是原料的话,形式、逻辑、过程则更像工艺,太多的时候,工艺对产品的质量起决定性作用。

一、给学员丰富而深刻的体验

教学的内容多是依据业务需要和学员能力现状分析而来的,尽管设计者可以根据不同能力类型采取更符合人类认知原理的教学策略进行教学,但不能随意根据自己的喜好增删修改,因而给设计者预留的创新空间并不大。

真正留给教学设计者巨大创新空间的倒是形式、逻辑、过程的设计,我经常讲一句话:生活在今天的老师已经很难创新什么新的理论给学员讲,但留给教育工作者的巨大创新空间是讲道理的形式。我感觉,未来学员上课越来越像看电影,追求的是一种体验。人们看电影经历的是一种情感体验,短短两个小时移情到电影剧情中去,体验了剧情的跌宕起伏,也体验了过程的声色光电,最后心灵有所触动。学员上课也是一种特别的体验,要亲自参与进去,经历了真实的感觉和深入的思考,最后有所触动,继而引发价值观或行为的变化。课堂势必要演化成体验的场所。而传统的课程就是老师演独角戏,自言自语,自比自划,根本不关注学员的体验。

1. 持续抓住学员注意力是课程设计的关键

最近我做课程评审最常问的问题是:"课程进行到这里的时候,

学员的注意力在哪里？他们大脑的哪一部分在参与？"我认为，只有立足于学员体验的教学设计才能够降低课程对大腕老师的依赖，才能从源头上改变学生老师相互应付的状态。用一个发生在自己身上的真实的故事来说明抓学员注意力的策略。

尽管我儿子上了初三，学习非常紧张，却也常常惦记着得空玩几把游戏。有一回，儿子死缠硬磨向我要IPAD，让他玩一会儿游戏。他的执着触发我思考一个问题：为什么游戏对他有那么大的魅力。为了探个究竟，我跟他有一段互动：

我说："为什么游戏对你有那么大的吸引力？你要是能说出游戏吸引你的三个理由，我就让你玩20分钟。"

儿子思索了两分钟，说："简单说，游戏吸引我的地方有三个。第一，让我很有成就感，打完一个老怪就能得分，玩上了就想拼命得分。第二，游戏给了我很强的操控感，我操控的人物，让它往东就往东，让它往西就往西。第三，全过程我都在思考如何对付那老怪。其实，打游戏也是一种学习呀。"

我很惊讶他的回答，就爽快地把IPAD给他了。他去玩了，我却陷入了沉思。作为教育工作者，我们如何才能够让我们的学生像迷恋游戏一样迷恋我们的课堂？儿子的回答给了我很大的启发：让学员有成就感、操控感和全过程的思考，应该是每位老师设计课程的出发点和落脚点。

20分钟后，儿子很守承诺地把IPAD还给我。我又顺便给他出了一道思考题："你刚才关于游戏对人吸引力的总结很好，我想问，你能不能想办法在你的学习中也找到你说的成就感、操控感和全过程的思考。"

儿子这回犯难了，说："这个在我们现在的课堂上很难找到，等我以后像你一样，工作了完全不用被动学习了，也许能找到。"

再强调一遍，教学的目的是让学员产生改变，而学员产生改变的前提是自己思考明白愿意主动改变，让学员思考明白的办法就是让他主动参与、全过程思考，并在学习中找到成就感。教学设计的本质就是要给学员一个丰富而深刻的精神体验。

2．丰富而深刻的体验才能促进转变

哈佛大学成人学习与专业发展教席教授罗伯特·凯根在他的《变革为何这么难》一书的开头，就抛出这样一个现象引发读者思考：

> 一项医学研究现实，假如心脏科医生告诉严重心脏病患者：如果不改变个人生活习惯，如饮食、锻炼、吸烟等，

他们将必死无疑。即便在这种情况下，也只有大概七分之一的人会真正改变自己的生活习惯。剩下七分之六的人，难道就真的对生命毫无眷恋吗？还是有什么东西让人们在面临致命危险时，仍然无法改变自己致命的嗜好？

这个现象说明了一个很深的道理，人的改变是一个复杂而系统的工程，仅仅明白道理不足以引发人们改变，因为道理这是讲给左脑的，光左脑想明白也就驱动了改变因素的七分之一，右脑掌控的情感和习惯等因素居然占到七分之六的权重。这种现象在生活中非常常见，比如人人都懂得行人横穿马路是很危险的这一基本道理，但就是禁不住还要横穿马路，因为在欲望、习惯和情感面前，所谓的道理总显得苍白无力。倘若要让行人产生彻底的改变，恐怕还要驱动右脑，怎么驱动呢？让这些习惯横穿马路的人看一个交通安全宣传展，展厅里从头到尾放置的全是交通事故惨不忍睹的照片，脑袋被挤扁的、血肉模糊的、被车撞飞的……给右脑输入了这些图片之后，人们真正改变的概率就大大提高。

有一次课堂上讲到要驱动全脑改变的时候，正好看见一个学员在玩他的笔记本电脑，那个电脑实在有点老旧了。我就临时起意给他出了个题："请你模拟一下，给你们领导打一个报告，请求他同意给你换一台新电脑。"这个学员很快就陈述了几条理由：电脑都过了折旧期、运行速度很慢、经常死机、安装不上新软件等。

我说："你陈述的所有这些理由都是讲给你们主管的左脑听的，所以他也只能用左脑接收你的信息，右脑一直没有被有效驱动。根据凯根的理论，你成功说服领导的概率只有七分之一。你们领导必然也用左脑的逻辑回复你：今年经营形势不好、预算紧张、旧电脑还能凑合用一阵子、我们业务刚起步要勤俭节约等。你要是成功驱动了领导的右脑，那情况就不一样了。再给你三分钟，给领导的右脑再输入一些信息。"

学员思考了一会儿，给全班同学讲到："这个电脑实在是不能用了。有一次，我给一个重要的客户讲标，标的上千万元，客户董事长和很多主管来听，我这个电脑先是半天启动不起来，董事长等得有点不耐烦了。好不容易起来了，讲了一半却又中途死机，我真是尴尬透了，客户董事长拂袖而去，临走还小声说：ّ这家公司也太寒碜了。'领导，我想这样的电脑也与我们公司高科技的形象太不匹配了吧。"

学员声容并茂地讲完这一段，全场爆出雷鸣般的掌声。

我问大家："这次领导换新笔记本的概率是多少？"

众人答："百分之百！"

所以，真正能驱动人改变的过程最好是全方位的、立体的刺激。多元智能的倡导者加德纳教授写过一篇有关教育的论文，其核心的观点是：人有多元智能，而教学过程中也要采取多种手段，刺激大脑的多个功能区，让每位学员尽可能多的智能都参与到学习过程中，学习效果最好。

3. 逻辑给左脑，过程给右脑

大脑有一个特点：就是闲不住。左脑总试图挖掘所感知事物的意义、梳理事物背后的逻辑。右脑总喜欢捕捉一个新奇的画面，沉迷一些微妙的感受。

> 为什么我们上数学课的时候容易觉得枯燥？因为老师不断地给学生左脑输入信息，步步都是逻辑推理，学员一走神就不赶趟了，很多老师觉察不到学员在推理过程中的困惑，以至于学员一步跟不上，步步跟不上，感觉很枯燥，因为老师光给左脑输入，右脑觉得无聊。
>
> 相反，如果让我们去欣赏一幅名家字画，价值几千万元，我们围绕那幅画看了看，几分钟也就烦了。不就是一幅画吗？又看不懂。假如这时有人来向你介绍如何鉴赏一幅字画，告诉你要从构图、色彩、意境、运笔等几个方面去看，你看这意境，这构图，这色彩，再看这笔法啊……

你看出门道来了，就越看越来劲。因为干瞪着眼看画是给右脑输入，左脑看不出门道，也就疲倦了。

为什么 Flash 这种表现形式非常招人喜欢？为什么把小品做成 Flash 版的甚至比真人版的还看着有趣？因为 Flash 这种表现形式能够很好地调动观众的左右脑。比如姜昆和唐杰忠合说的相声《虎口遐想》，一说老虎，Flash 画面上马上就有一只大老虎，眯瞪着眼睛，尾巴还一摇一摇的。其实这时候我们的右脑就是需要一个形象的老虎图像，即便画面没有，右脑也会想象出一个老虎。

我还研究发现，那些流传下来的古诗词名句，也许正因为既惟妙惟肖、又深蕴哲理，兼顾了左右脑的思维需求，才能流传千古。看到"白日依山尽，黄河入海流"这句话，你脑子里一定有一幅画像，它刺激了读者的右脑。"欲穷千里目，更上一层楼"这种结论性的语言，又是说给理性的左脑听的。

我在上课中通常能清晰地感受到学员用大脑的哪个部分接收我讲授的内容。在上课的过程中，讲师必须交替刺激学员的左右脑，让它们张弛有度，起到最好的培训效果。

真正驱动了左右脑的课程，学员积极参与却不觉得累。有一位学员曾经给我反馈说："我就很纳闷，上你的课，天天都很精神，晚上也很兴奋。我的脑子一直都在激烈地思考,坚持到最后下课的时候,我浑身突然就像瘫软了似的,才感觉到体力透支。"这个学员的感受是对的,学员真正投入了全身心听课的话,那么听课比讲课要辛苦很多。很多时候,我能感到听课比讲课还累,因为大脑一直处于思考状态。

二、形式:精彩演绎无极限

> 开发课程犹如玉人琢玉,不仅要料好,还要工艺好。玉石好,还要雕琢好;课程内容好,还要表现形式好。

我非常喜欢一句教育格言:教育就是让人们在概念中获得直接的体验。教育工作者的责任是把抽象的理论演绎回实践,让人能感受到理论的作用和效果。人类文明发展了几千年的今天,理论创新的空间已经不大了,各式各样的道理都被智慧的先哲们讲完了,但教育工作者也不必悲观,形式比内容更重要,怎么教比教什么更重要。道理就那么多,但演绎道理的形式却可以层出不穷,好形式能起到振聋发聩的效果,让人弥久难忘,这就为教育工作者留下了无限的创新空间。

1. 形式创新故事会

我粗略估算了一下，一个人从上小学到走上工作岗位，假设本科以后参加工作，每个人上过的课少说也得两万小时。为了探讨好的授课形式的内在因素，我经常在课上给学员出这样一道题：回忆一下从小到大，对你印象极深的一堂课，并试图回答是什么原因让你印象深刻。遗憾的是，很多同学从两万多小时的学习经历中找一堂生动的课，居然搜肠刮肚，显得颇为为难。这也从侧面反映了中国学生对课堂的无奈。我感慨道：全世界没几个像中华民族这样刻苦好学、尊师重教的民族，遗憾的是，绝大多数人对上课的回忆竟然与痛苦联系在一起，很多课堂对学员来说用煎熬形容一点也不为过。能不能把学生对课堂的体验从煎熬变成享受呢？这是每一位教育工作者要时刻思考的命题。

尽管对学员印象深刻的课程凤毛麟角，但也不是空白，下面罗列几个精彩课堂的故事。

【故事1】学员分享：别具一格的领导力课堂

2006年，我做了两年部门经理的时候，遇到一些困惑，我参加了一个叫"卓越领导力"的课。这次课总共安排是四天三晚，主要目的是训练管理者的个人领导特质。第一天上课，老师给每个人发了一套三色球，然后要求在课程结束的时候，每个人必须能够抛接三色球12次才能毕业。

我被推选为组长，尽管一点基础也没有，却也不得不组织组员练习，每天课间和晚上都练。不少人头两个晚上就练会了，我们组有一位64岁的企业家就是学不会，全组的人都陪他练，甚至练到凌晨3点钟，我回家了，那位企业家还在练。第三天检验的时候，我艰难地完成了12次过关，有的人甚至能到18次。

最后老师让组长组织大家总结学习抛三色球过程中有关领导力的体会，我们组居然总结出21条，把老师前几天讲的很多内容都结合到这个游戏里了。比方说，每次抛三色球的情境都是不一样的，管理者要懂得权变管理；每个球抛出去的轨迹要平衡，管理者要懂得平衡和妥协；前两天一直学不会，但一定要坚定信念，领导者要有韧劲；全组陪老企业家练习到凌晨，管理者要激发团队的力量……到最后全班还有两名同学没有通过，老师问谁愿意为这两位同学做义务教练，马上有学员举手请缨。最后老师要求那两位同学把成功抛12次球的视频传给老师，学员做了承诺。

这个训练对我的印象特别深，从建构主义教学的视角看，老师用三色球做催化工具，让学生对老师所讲的领导力理论做了充分的建构。

【故事2】学员分享：意外的C语言编程课

记得大学上C语言，老师简单介绍了一下基础，就布置了一个任务，要求学生用C语言编程实现在屏幕上画出几种曲线的效果。很多学生根本就没做，临到交作业的时候，就把别人的程序拷贝一份，改改变量的名字就交了。

第二节课上老师现场批改作业。老师的电脑连着投影仪，让每位学生在老师的电脑上先演示一下自己的程序。学生演示完毕，老师让学生出去回避一下，然后当着全班同学的面把这位学生的源程序稍稍改动一下，算植入了一个BUG，再把那位学生叫回来，告诉他："抱歉，刚才把你的程序改坏了，你检查一下，看哪里不对劲，再恢复回来。"

如果程序真是学生自己做的,一分钟之内就能把程序修复好,而那些抄别人程序的"南郭先生"当下就傻了。我的程序是自己写的,马上就能找到老师植入的BUG,出了个大风头。我大学学的不是计算机专业,那堂课对我激励很大,以至于最终改行做了软件工程师。我们宿舍有一位同学因为拷贝了别人的程序在课堂上很囧。后来他告诉我,那堂课对他的为学,乃至做人都有极大的触动,影响也很大。

【故事3】学员分享:实战的高管公关能力训练

我们单位对高管的一次公共关系能力训练的课堂很生动。要训练高管公开发言的能力,老师做了这样的课程设计:上午先讲一些做新闻发言人的基本注意事项,下午马上就让高管进行模拟采访,每人半小时的准备时间,然后应付一个模拟的5分钟采访。教室里架着摄像头,打着高亮度的摄影灯,老师像记者一样问高管一些问题,让高管结合企业实际情况,运用老师上午所讲的原则进行回答。尽管只有5分钟的采访,把一些高管搞得手心都冒汗,声音都发抖,他们觉得这个过程太痛苦了。但是,这种训练很真实,是迟早要面对的情境。

模拟采访结束后,大家就一起看每个人的采访录像,学员间互相点评,然后老师给每个人一些针对性的反馈和指导。这一轮折磨后还不算结束,每人再准备30分钟,再接受一次3分钟的采访,仍然录像,再相互点评。连续三天下来,有的学员说瘦了好几斤。尽管被折磨得很惨,但都觉得收获巨大,至少面对镜头的沉着淡定是练出来了。通过这个例子也更加验证了田老师的一句话:"能力都是折腾出来的。"

【故事4】生动的高中数学课

高中的时候学立体几何,杨老师是一位五十多岁的老头,这堂课要讲立体几何里一个很重要的定理——三垂线定理。这个定理是说:在平面内的一条直线,如果和穿过这个平面的一条斜线在这个平面内的射影垂直,那么它也和这条斜线垂直。这么枯燥的一个数学定理,很抽象,二十多年了,我到现在还记得,全是老师的功劳。

平时老师上课就腋下夹个教科书进来,那天竟然很意外地拿了几根长长的竹竿。所有同学都很好奇,琢磨老师这是要耍啥把戏。一会儿,讲到三垂线定理,老师就当场拿出竹竿让前排的几个同学在讲台前的空地上摆弄,先在地上摆出一个直角三角形,然后再拿着另外一根竹竿竖立在三角形一个锐角的顶点上,再把地上那个三角形的其余两个顶点和竖起来的那根竹竿的顶点用竹竿连起来,然后让全班同学拿小三角板验证新加竹竿摆成的三角形是不是直角三角形。实物验证完了之后，老师再在黑板上给大家证明，就这么一比画，让人一辈子也忘不了三垂线定理。

凡是对人形成很深印象的课堂，绝大多数都不是平铺直叙的，所以才能给人难以磨灭的印象。事实证明，好的形式不仅能帮助人们理解、掌握所学知识，而且给人留下很深的印象。

2012年6月，我在《哈佛商业评论》上发表了一篇课程开发的文章"精品课程是怎样炼成的"，其中提到一个观点：我个人认为对教育工作者来讲形式是51%，内容是49%，形式至少要略大于内容。文章发表后，哈尔滨某大学的一位教授兴奋地打来电话跟我探讨形式和内容的比重问题，他说这个比重有问题。我猜想他是高校搞教育的，赶忙说："老师，我说的这个51∶49是针对我们企业教育的，你们高校做基础教育，形式的比重可以轻点。"教授说："不对，你没理解我的意思，我的意思是说形式要远大于内容，我认为形式要占到80%，内容占20%才过瘾。"没想到他比我还激进。

2. 好形式的五大标准

分享完故事，我让学员试图总结好的授课形式的特点。大家开始头脑风暴。一会儿工夫，收集了几十个形容词：生动、有趣、新颖、形象、意外、震撼、参与、反思、印记、激发、体验、折腾、反差、简单等。我说太多了，记不住，我们能不能试图归个类。于是，我又引导大家合并同类项，最后翻开底牌，是我早已经总结好的课程展现形式的五大标准。

激发

好的形式首先能够吸引学员的眼球，激发学员的兴趣。有的有趣，比如数学老师上课居然带着竹竿，一下子就抓住了学生的注意力。有的生动，比如新闻发言人的训练过程中煞有介事地架上摄像机和高亮光等，跟真的一样。激发还包括：要给学生一个简单易学的印象，化解学生的畏难情绪。

> 记得小学有一次一位美术老师带领同学画牛，同学们觉得好复杂，有畏难情绪。老师先在黑板上画了一个倒 U 形的弯，说："这个你们总会画吧。"同学们都说会画。老师又画了一个倒 U 形的弯，问学生会不会画，学生当然都说会画。再把两个弯连起来，牛头上的角就有了……就这样，老师一笔学生一笔，最后大家都画出一头牛来。这堂课老师也教给大家一个道理：所有复杂的事物无非是简单事物的叠加。

冲击

好的课堂形式要给学员一种冲击感。比如意外，谁也没料想到 C

语言的课堂上，老师突然让大家当堂演示自己的程序，更没想到老师会改动程序，植入BUG，这个意外给学员很大的冲击。新闻发言人的培训课上，谁也没想到随堂就带了采访"记者"，而且问题非常具体和针对，也形成冲击。还有一些课堂展示了很细节的情境，直接刺激学员的右脑，留下极其深刻的印象。比如我曾经在一次交通安全意识教育画展上，看到无数血肉模糊、惨不忍睹的车祸照片，辅以文字说明提醒交通出行注意事项，形成极大的冲击，让人经久难忘。有时候冲击还表现为一种挑战：抛三色球的课堂上，那位64岁的企业家可能身经百战，恐怕一辈子也忘不了三色球居然给过自己一些不小的挑战。

意外能造成学员的认知不和谐，认知不和谐就会产生焦虑情绪，继而激发学员探寻原因和解决问题的热情。学习的最终目的就是让学员应用新知，产生改变、凡事都循规蹈矩，不出学员所料，学员当然也不会有所改变。

参与

好的形式还要能调动学员参与。有一种参与是调动学员的情感参与，叫移情。很多女生看韩剧看得眼泪稀里哗啦的，就是产生了移情，深度参与进去，把自己当成剧中的主人翁了。很多人看汶川大地震的报道都哭了，也是产生了移情。我现在还记得汶川地震时我写的一句话：我们比他们唯一幸运的是，地球选择了在汶川地震，而没有选择我的脚下。当时真有感同身受的感觉。拍摄情境剧的课程最大的价值就在于，情境剧这种形式容易让学员产生移情，一些态度类的课程非要做到移情才足以达到效果。

新闻发言人培养的课程中，模拟真实采访，现场录像，看录像再让学员相互点评，学员有身临其境的真实感觉，像真的一样全身心投入进去，三天下来被折腾得够呛，但凡知识，折腾了才是自己的。人的教育，很多时候是要撞南墙才有效的。自小老人们就给我们讲过很多道理，但我们自己没撞过南墙，没吃过亏，就不认为这些道理是道理，等自己也撞了南墙才幡然醒悟，又好心地提醒我们的子孙，殊不知，他们也要撞了南墙才能回头的。《易经》蒙卦是专门讲教育的，蒙卦的上九爻辞提到"击蒙"，意思就是讲，人有时候受到打击、撞了南墙才会幡然醒悟。

三色球的游戏就是要调动所有学员深度参与，全身心地甚至熬夜投入，最后总结起来才觉得深刻。企业经营管理沙盘的课程我讲过很多场，这个课程最成功的设计就在于它模拟了一个真实的企业，计划、采购、生产、研发、库存、财务等，都形象化地展示在模拟团队面前。一组学员就是一个企业的领导班子，每个决策都涉及各方利益的均衡，甚至关乎企业的兴衰，让CEO带领大家持续地经营六年，看谁能笑到最后，让学员真有身临其境的感觉，等学员遇到一堆困惑的时候，再把企业经营管理的理念不失时机地作为点评讲给学员。这个课程，学员参与越深，收获越大，从头到尾没参与进去的学员则感觉跟小孩子过家家一样，索然无味。教育的真谛就是让人们从死的概念中获得活的体验，如果没有很好的体验，也不会有深刻的反思和总结。

启发

形式是为内容服务的，好的形式一定紧密结合课程要讲的内容，学员参与之后能受到某种启发，而这些启发恰恰是课程想传递给学员的。前面讲过，直接给学员讲大道理的方式显然是苍白无力的，老师要把道理巧妙地隐藏在某种情境中，换个角度讲，即借助某种形式，让学员从情境中自己品味出道理，从而实现知识的所有权转移，学员只相信自己体味到的道理。

故事 1 中的抛三色球就给参与者太多的启发，一个小组就可以总结出二十几条，什么权变管理、及时干预、平衡、冒险、坚韧、重承诺、团队合作这些领导工作的重要方面，用一个游戏全囊括进去了，而且不是老师宣贯的，而是学员们自己总结出来的，条条都很经典。

好的形式要能激发学员反思，能给学员以启发，能让学员从中汲取意义和价值。有很多人滥用新颖的形式，结果形式并不能给学员带来跟课程内容相关的、有价值的启发，学员感觉到纯粹是为了哗众取宠，为了形式而形式。要知道，形式主义害死人也是一句经典的名言。如果别出心裁的形式不能给学生以启发，学生反倒会产生逆反心理，有被愚弄的感觉。

印记

好的形式本身就是日后知识提取的一条线索，好的形式在学员的大脑里植入一个"钩子"，见到这个形式就容易勾出与之相关的知识。柯维在"高效能人士的七个习惯"课程里生动地用大石头比喻那些重要的事情，就是一个"钩子"；我们采用鼓励学员用软软的吸管扎穿土豆的游戏，来阐释限制性信念制约一个人的行为这个道理，以至于有人反馈说看见土豆就想起这堂课。好的形式会在大脑里下很多钩子，大脑的左右脑是可以相互挂钩的，最好为一个知识多挂几个钩子再放到大脑里，日后，随便抓住一个钩子，都能把知识提取出来，这就是多线索的价值。

故事1中的三色球也成为一种钩子，学员所总结的每条体悟背后都有学员亲身练习的经历为重要支撑，印象能不深吗？还有，这些东西一辈子都忘不了，看到三色球就会想起这些理念。

3. 让人从概念中获得直接体验

说到"寓理于情"其实已经涉及形式问题了。我认为对教育工作者来讲，最大的创新空间是教学形式的创新。遗憾的是，现在高校的教育工作者因为考核导向的原因，一直醉心于理论创新，苦苦翻阅中外论文，提出新的概念试图总结所谓自己的模型范式，撰写精美的论文发表在核心刊物上，以获取教授、副教授的显赫名分，根本没有人把教学形式的创新当回事，偶尔有人创新了也是瞎子点灯白费蜡，对评职称没有直接的贡献。教育的本质就是让人从概念中获得直接体验。

> 大家都知道书法家王羲之的字古今无双，却很少有人了解他的老师是怎么教他写字的。相传他的老师是卫夫人，教他写字的时候却并不是在纸上比比画画，而是带他去大自然参观体验，从自然的情境中找到写字的感觉。为了教王羲之写好"点"，她带领王羲之看巨石从高高的山峰上坠落的情境，启发说："点如高峰坠石，磕磕然实如崩也。"这就让幼年的王羲之对汉字中抽象的"点"有了直观的体验。为了练习"横"，卫夫人又把王羲之带到户外，让他在广阔的平原上，凝视辽阔的地平线上排列开的云层缓缓向两边扩张。启发说："横如千里阵云，隐隐然其实有形。"教到"竖"，她又让王羲之看"万岁枯藤"，让孩子沿着古藤向山上爬，感受古藤的坚忍顽强。还有，说"撇"如"陆断犀象"，就像犀牛大象把爪撞在地上折断一样逆猛；诸如"成"字的斜钩一笔如"百钧弩发"，就像力量很大的弓弩发出的感觉；诸如"远"字的坐车旁的收笔如"崩浪雷奔"，就像浪头崩落的感觉，开始突然下落，然后余脉悠远，慢

慢消失；诸如"力"字的横折钩要像"劲弩筋节"，就像强拉开的弓，绷得很紧……总之，卫夫人教给王羲之所有笔画都有大自然的真实景象体验，这样教育出来的学生，想必在下笔写字的时候大脑中闪现的是生动的画面，写出来的字才有气势、有灵性。

电影《赵氏孤儿》中也有一个很经典的教育情境。

> 屠岸贾把赵武养在自己的家里教他学武。其中有一个很有意思的镜头：年幼的赵武站在房顶，屠岸贾说："跳下来，干爸接你。"赵武就往屠岸贾的怀里跳，屠岸贾却一闪身跑了。赵武被狠狠地摔在地上，受了很大的伤痛。屠岸贾却说："我就是要告诉你一个道理，这个世界上，任何人都不可以相信。"

且不管屠岸贾的价值观"任何人都不可以相信"是否正确，单就其采用的教学方式而言，做到了"让人从概念中获得直接体验"的效果，我想赵武一生都忘不了这一课。

电影《唐山大地震》也是一个好例子。平常人讲唐山大地震只能三言两句：1976年7月，八级多的地震，死了二十几万人，非常惨。而电影却设计了一对龙凤胎姐弟，演绎了大地震引起的姐弟命运的变化，丝丝入扣，催人泪下。情境演绎能起到让"死"事件变"活"的效果，演活了能让观众产生移情。移情是人类与生俱来的本能，即观众把自己当成了电影中的主人翁，不知不觉地进入角色受其感动，并且有了跟主人翁一样的情绪。我认为，态度类的教学要达到好的效果，必须能够把学员情绪带动起来，光有理性的诠释还不足以让一个人达到信奉的程度。课程的情境设计得好不好，关键要看能不能让学员移情。如果学员不能移情，就成了为了形式而形式，形式主义害死人呀。要让学员能够移情，情境就要紧贴学员工作生活实际，还要做细节的、情感的演绎。偏激一点说，如果某个知识点找不到典型的情境，我就要质问：其是否有必要在课堂中出现。

4. 向宣教主义说"不"

国内在应试教育的大背景和高校不合理的考核制度下，宣教之风正浓。甚至有教育学专业的学生对我说："在我们学校，老师都用宣教的方式来讲建构主义的教育理论。"近几十年来，我们国家的教育都是宣教的模式，学生在学校里体验和感受的都是老师正颜厉色、照本宣科的宣教。社会学习理论告诉我们，身教远胜于言教。当学生当了老师之后也理所当然地传承老师的风范，中规中矩、照本宣科。一代传一代，就形成今天如此死板的局面，以至于以刻苦好学著称的中华儿女竟然在记忆中很难搜索到几堂生动的课程，课堂变成煎熬学生的道场，而且大有愈演愈烈之势。这种自动的、僵化的局面一旦形成，任何个体要改变就要克服巨大的阻力，作为一个半路出家、在企业从事教育工作的人来讲，我真是忧心忡忡啊。

去年曾应邀给一个高校的老师做了一次演讲，主题就是建构主义教学思想。演讲之后，老师们都很激动。课后有人跟我交流："你不了解现在高校的考核政策，就算我们完全按照你讲的建构主义理论教学，做到完美的程度，我们的绩效考核顶多也就是 40 分，因为剩下的 60 分是要靠搞科研、写论文来挣的。"这段话让我更加理解中国教育为什么那么不幸了。

教育和科研是两回事。科研是从现象中抽取某种共性的理论，而教育恰恰是让你从理论和概念中获得直观的体验。教育工作者一定要把概念还原到情境、故事、游戏中，让学生体验来领悟概念。老师讲课的时候都会举例子，这就是要给学生直观的体验。现在，高校把工作的重心放在让老师搞科研上，研究性思维占了上风，课堂教育不再重视演绎，越让这样的老师上课，学生的脑海里越搜不出几堂印象深刻的课。

每想到这里，我真的感到义愤填膺，全国的教育什么时候能够停止四平八稳的说教，我一个体制外的人都急得不行，教育部门怎么还能沉得住气？食品安全、环境污染等问题因为关系到基本民生而成为社会关注的焦点，窃以为教育问题比这些问题还大，只不过是软性的、精神层面的事情，给人的感觉不是那么急迫，而实际情况已经很糟糕了。

商业社会使人们都很功利，大学毕业生有时候还没有农民工好找工作，硕士研究生甚至没有本科生好找工作。社会都用功利的眼光审视着教育，教育却按部就班、不紧不慢地宣贯着那些跟学生生活相去甚远的常识。一个知识点，先讲古希腊人是怎么认识的，再讲中国古代是什么情况，再讲这个概念漫长的演化史。学生呆坐在课堂上不禁会问："这些悠久的历史与我有何关系？对我有何用？能帮我挣钱吗？能帮我找到好工作吗？"如果找不到答案，他们的心就干脆开小差了。而老师站在讲台上也是应付，因为60%的考核是写论文，他们没有动力去做教学形式的创新，这种创新又不能抵论文，何必呢？我斗胆问大家一个问题：今天，有多大比例高校的课堂处于老师、学生相互应付的状态？百分之多少？

激发、冲击、参与、启发、印记这五个要素可以当成五个指标，组成一个好的课程形式的罗盘，拿罗盘一卡，就能衡量课程形式的水平。我认为本节故事1的五个维度都可以得到五分之多；故事2的C语言课堂激发维度稍差一些，参与似乎也不是最好，但对人的启发很大，印记也能达到四分，综合起来，能得出如图6所示的一张蛛网图。

读者可以拿这个标准框一下自己熟知的课程、曾经采购过的课程和自己开发的课程。我认为，在课程形式的创新上，投入再多的精力都是值得的，而且一位教育工作者应该有一种精神，那就是不断探索更好的传授知识的形式，用更好的形式替代原有的形式。好的形式才能把道理讲活,把学生的心抓住,把学生从煎熬应付的状态中营救出来,转而把课堂变成享受的乐园,这是一件善莫大焉的事情。广大教育工作者任重道远。

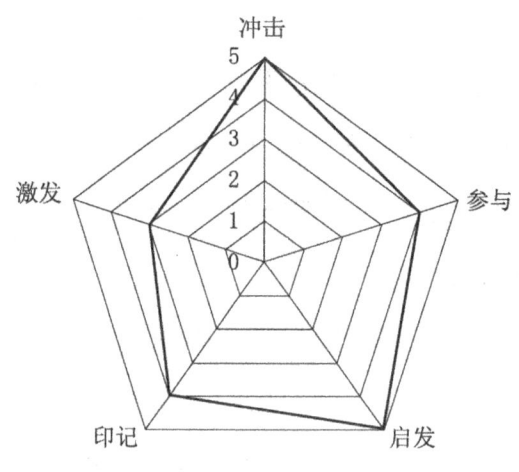

图 6　课程形式蛛网图

三、逻辑:错落有致的贯穿

建构主义认为,课堂上所有的内容分享、质疑反馈都可以看做帮助学员建构自己的逻辑。商业有商业的逻辑,职业有职业的逻辑,课程有课程的逻辑,每个人也都有自己的逻辑。《周易·系辞》中说:"形而上者谓之道,形而下者谓之器,化而裁之谓之变,推而行之谓之通,举尔措诸天下之民,谓之事业。"

> 所谓的事业，就是把某一套逻辑推广到天下。所以我说，如果你有逻辑，你就可以在全世界整合资源；如果没有逻辑，你便会自觉或不自觉地成为资源被人家整合。

对一个课程来讲，逻辑如同盛内容的盘子，逻辑贯穿才能使内容要素各归其类；好内容如同好的珠子，而逻辑则是把这些珠子串成项链的细绳。

1. 好课程必须有好逻辑

把"内容的珠子"按照某种纽带串联成浑然一体的"项链"就是课程。我把这种课程内容的组织方式姑且称为课程的逻辑。为什么使用"逻辑"这个词？当时提出我的精品课程五要素时，曾在此处做了反复推敲。叫"结构"不太恰当，因为结构给人的印象更加具体，更强调空间管理，而课程这种软产品有时候是用抽象的关系组织起来的；"体系"也不合适，体系给人的感觉太大又有点封闭的意思；貌似"组织"一词比较合适，但组织又有动词和名词两种理解，容易混淆，真正想表达的是不同内容单元整合成一门课程的组织方式，用"组织方式"似乎更精当些。最后我选择用"逻辑"这个词，涵盖时间和空间两个维度，上可以抽象，下可以具体。逻辑的价值和作用是显而易见的。我经常在课堂上让学员头脑风暴逻辑的作用和价值，常见的答案有：

- 帮助理解，便于记忆
- 多线索的主线、提取的线索
- 整合的作用——决定材料的取舍
- 认知的台阶——由浅入深
- 引导教学过程，便于时间分配

……

课程的基因

我经常说逻辑好比一个生物体的 DNA，是区别自己和别人的重要标志。好课程是整合出来的，而整合的逻辑是课程的重要标志。正所谓天下文章一大套，看你套得妙不妙。所谓"套得妙"，就是指整合的逻辑让人信服。有一个很有意思的笑话颇能隐喻逻辑的道理。

> 某校动物系期末考试。老教授提着一个用黑布罩起来的鸟笼，只露出两条鸟腿。考试题目是：请根据鸟腿来判断鸟的种类。
>
> 某学生辛苦准备考试数周，结果啥都没考，就考出这样的鸟试，他又不会……愤怒之下，连姓名学号也不写就交白卷离开教室！老教授见状很生气，拉住那位学生，要其留下姓名……那学生只把裤管拉了起来，露出毛腿，对老教授说："你猜我是谁？"

逻辑是课程的面孔，精品课程要有自己独有的一套逻辑。老教授的意图是想让学生透过鸟腿上显露出来的线索来推断鸟的种类，而学生露出自己的腿，我们只能判断那是人类的腿，却不能判断具体是谁的腿。

尽管课程内容的素材可以有多个来源，但最后都要统一在开发者架构的逻辑框架之下。我说过：所有管理类的文章和课程，哪怕是大师的作品，要是把它的逻辑解构了，随便抽出其中两三百字来看，都像常识一样没什么特别，但是一旦这些内容通过某种或几种逻辑组合在一起，就会给读者不一样的感觉。逻辑是整合资源的依据，如果你有逻辑，就可以在全世界整合资源；如果你没有逻辑，你便会自觉不自觉地成为资源被他人整合。

秩序是大脑的诉求

人的大脑天生喜欢有秩序的编排，讨厌繁杂无序，所以接受有逻辑的事物是人们大脑的诉求。主观理想主义认为，秩序是人为地建立起来的。我们今天看到城市的布局井然有序，其实是人们按照自己的好恶和价值观建立的逻辑。从地球来看，这种人为建立的秩序反倒是对自然原有秩序的一种破坏。道法自然就是劝谏人们放弃自己所偏好的秩序，而尊崇大自然的大秩序。麦肯锡的《金字塔原理》畅销多年，其中最核心的理念就是以总-分-总的结构表达要陈述的内容。人们很喜欢有条理的陈述，逻辑跳跃或任意蔓延的人通常被称做语无伦次。大脑非常排斥那些零散杂乱、无章可依的零散输入，容易接受那些排列好的，尤其是与自己已有信念系统和价值逻辑相吻合的输入。

内容的取舍

从阴阳的角度来讲，从目标到内容是"上升"的过程，从生发到生长蔓延；而到了逻辑，就涉及取舍，属于"肃降"的过程。

逻辑即是内容整合的主线，更是内容割舍的依据，逻辑好比塑像的线条，为了线条优美就不得不对有些内容进行割舍。逻辑也是目标到结果之间的桥梁，好的课程通常会通过多条线索的同时推进来实现教学的目标，给学员丰满的演绎时富有变化的感觉。

过程的引导

授课的过程也是按照课程逻辑逐渐展开的过程，一般课程的开始先要给学员一个总体的逻辑架构。就像去旅游景点，一进门先有一个整体的地图，然后导游再带大家游历每个景点，游客们才会对每个景点的大体位置有个概念。

2．五大基本逻辑

我深入思考后发现，课程内容之间的关系无非两个大的维度：时间维度和空间维度。时间维度是以时间为纽带的，是从时间分配角度来贯穿的，时间可以顺序推演，也可以倒叙追溯，可以是顺序、因果、线索等；空间维度是以事物之间的共同特征为纽带的，有某种共同特征的可以分为一类，一个物体由若干部件组成，可以称为物体的结构等，分类、结构都是从空间维度梳理的。把时间和空间两个维度交织起来考虑，我总结出典型的五种组织方式，姑且称之为逻辑吧。

顺序逻辑

顺序逻辑非常容易理解，就是做事情的先后顺序。组织管理中的流程、程序是典型的顺序逻辑，当然也可能因此衍生出来的异常处理流程，也是顺序逻辑。智慧技能和动作技能为主要内容的课程单元，多采用顺序逻辑。

分类逻辑

分类逻辑是偏空间维度的分法。事物分若干大类，每大类又可以分若干小类，如生物学上对物种的分类有门、纲、目、科、属、种，任何一种植物或动物都能分到这个分类体系之下。分类逻辑框架下单元和单元之间是松散的关系，每个单元都是一个独立的个体，单元之间又有某个因缘关系，同宗同祖或有某种共同特征，是以特征为纽带的。鱼骨图就是典型的分类逻辑，很符合人们分析和归纳的思考习惯。

其实人的大脑对知识的存储方式就是树状的，任何一个信息进入大脑，都要将其重要特征各从其类地划归到大脑既有的分类树下面。如果放不进去，大脑就会产生认知不和谐。

关系逻辑

这里特别强调关系中的两大类：一类是社会关系，包括血缘、因缘、朋友、敌人等；另一类是竞争、合作的"生克"关系。关系处在时间和空间的交叉点上，既有时间、因果的痕迹，又有空间纽带的痕迹。

古典名著《红楼梦》中是按照四大家族的关系铺陈开的，而小说《白鹿原》则是按照白鹿两家几十年来的明争暗斗、又竞争又合作的关系组织素材的。

线索逻辑

线索逻辑可以理解为偏时间维度的组织方式。跟顺序组织不同的是，线索逻辑通常用追溯的方式倒着穿起来很多内容，就像破案一样，用因果关系串联起来。电影、电视剧的编排多采用线索逻辑，有正叙，也有倒推。线索逻辑很容易抓住学员的注意力，每一个悬疑都能激发学员的好奇心，调动学员的内在动力去探索究竟，课程如抽丝剥茧，始终让人放不下。

结构逻辑

结构逻辑是偏空间维度的组织方式。一些部件共同组成一个具有某种完整功能的物体，反过来，把物体分解，就是一堆部件。产品介绍类的课程可以采用结构逻辑组织，分别介绍产品的每个部分。至于产品功能介绍，又可以用分类的形式，比如若干大类的功能，每大类下又有若干具体功能等。

也有一些被人们广泛接纳的结构范式，比如 Why、What、How 的知识单元展现结构在课程设计中非常普遍，西方人非常喜欢用的四象限也是一种很好的结构。分类逻辑和结构逻辑一般要求符合 MECE 法则，即不重复、不遗漏。

3. 从混沌到有序

任何一种组织逻辑，单看起来还是比较简单的。但实际上很多课程都不是单一逻辑组织的，优秀的作品往往贯穿了多条逻辑线索。大的单元之间有逻辑，各单元内部也有逻辑，各单元内部的逻辑可以是同一逻辑，也可以是不同逻辑。

比如用友大学的"策略销售"课程，内在的逻辑既有在项目不同阶段销售员面临的关键问题和任务组织的任务逻辑，分为识局、拆局、布局；又有销售员跟客户建立信任关系的人际逻辑，事有事理，人有人情。"捍卫尊严"课中穿插了四条不同的逻辑线索：有项目推进的过程路径逻辑，有客户方推动自身变革的推阻力演变逻辑，有项目经理的职业生涯成长路径逻辑，还有反映项目相关人心理感受的"幸福曲线"逻辑。通过这四条主线，一个项目实施的全景得到了完美的呈现和精彩的演绎。

> MOT的大逻辑是线索结构的，一开始就把读者置身于一个悬疑的情境中：一位老客户居然不顾二十多年的合作交情，断然把4500万美元的大单集体决策给竞争对手，究竟是怎么了？以丢单为线索，带领学员一起回顾最近几个月来Myco公司不同职位的五个人跟客户打交道的环节：无辜的留话者、好意的同事、繁忙的客户经理、不倾听的副总裁和于事无补的求助热线……每个环节又都采取放视频

抛问题、引发讨论、关键时刻的行为模式分析、达成共识、讲师点评等几个环节，用关键时刻的行为模式这一不变的模型分析五个不同的客户交互情境，每一节中都强化一遍关键时刻行为模式的四个要点：探索、提议、行动、确认（简称EOAC）。比如，用同一模型分析当事人与客户打交道的行为动作：他是怎样探索的？都提议了写什么？行动怎么样？最后又是如何跟客户确认的？

我戏称MOT是莲藕结构。整个课程像一个有五个节的莲藕，把其中的任何一节切开，我们就会发现其横断面都是四个眼：探索、提议、行动、确认。整体有一个逻辑，每个部分又有一个与其他部分同构的逻辑。就像剪力墙结构的楼房一样，从1层搭到15层，每层楼都是同构的，有同样一根柱子。把柱子的横断面切开，里面有同样数量和样式的钢筋棍支撑结构跟四周的混凝土牢牢地粘在一起，大逻辑套小逻辑，就像我们常见的莲藕结构。莲藕结构只不过是一种常见的结构搭配范式而已，其实生活中这样的逻辑范式举不胜举。

大逻辑高屋建瓴固然可贵，而很多时候贯穿始终无处不在的小逻辑却更有穿透力，就像每个细胞都有着同样的DNA结构一样。探索、提议、行动、确认的循环就是一个典型微逻辑，这些微逻辑在课程中多次被强化，很容易被学员全盘吸收。

从零散的知识点中梳理出让人称道的结构是一件非常不容易的过程。开发课程好比盖房子，很多砖头、椽子、檩条都是从别的房子上拆下来的，然后重新搭建成一座独立的新房，伴随着解构和建构两个过程。过程中首先要广泛搜集可能用得上的素材，然后从中甄选跟目标切合的素材，每块素材还要设计有创新性的教学形式，再想办法将这些来自各处的素材组织整合成一门有独有逻辑的课程。可以说，这个过程是很痛苦的，常常让人头很大。所以我经常说，开发课程就是要先把自己逼疯，然后慢慢治好。

4．帮助学员建构自己的逻辑

建构主义的教学观认为，每个人都有一套自己信奉并行动的逻辑，课堂就是一个建构的道场，老师讲的和其他学生分享的无非是学生进行自我建构的素材。有学生就曾经问过我一个高深的问题："老师，你说好的课程要有自己独有的逻辑，老师都构建属于自己的逻辑。老师的逻辑太强了，是不是反倒不利于学员建构呀？"

我给他打了个比方。确实，每个人都有自己的一套逻辑，就像我们每个人都是有自己的 DNA 一样。我们平日里吃的鱼、肉、米饭、馒头，最终都要到胃里被磨成食糜，变成营养微精，经小肠消化吸收，再随血液传递到全身各个细胞。这些五谷之微精成为每个细胞的养分，细胞把它吸收进去建构成自身的一部分，使其按照我们人体自身的 DNA 密码（可以理解为逻辑）成长。人体就是一个典型的解构再建构的机体。逻辑又好比把面做成细面、宽面、馒头、花卷、粥，我们吃的时候个个菜品都千姿百态，吃进肚子全都一样成为食糜。逻辑太强了反倒不利于消化和吸收，比如糯米很难消化，大概就是因为自己的逻辑结构太强，吃进去不好分解吧。

我讲过讲师成长的三个阶段：起航阶段、腾飞阶段和大师阶段，这三个阶段跟佛家著名的山水公案逻辑一致。起航阶段的讲师不需要自我的逻辑，只要把一门已经开发好的课讲好了就行，便是"见山是山，见水是水"的境界；腾飞阶段则是要建构自己独有的逻辑，讲师有自己独到的逻辑和知识体系，有强烈的自我，便是"见山不是山，见水不是水"的境界；到了大师阶段，讲师又要忘掉自己的逻辑，以学员为中心帮助学员建构学员自己的逻辑，讲师把要讲的内容作为肥料和养分溶解到学员建构的过程中，把自己溶解了，达到"无"的境界，当然会"见山还是山，见水还是水"。

由此看来，逻辑既重要又不重要。从产品设计的角度看，每个产品都渴望有自己的特色，逻辑当然很重要。作为消费者，购买产品是为了建构自己的逻辑，是需要用自己的方式消化吸收的。卖月饼的都要做豪华包装，彰显自己的逻辑；吃月饼的则经常扔掉包装，只吃那些营养物质。从这个意义上讲，逻辑更多是设计者呈现的需要。无论设计者的逻辑体系多完美，学生吸收的都是其中对他有价值的那几颗珠子。

建构主义的教学思想和几千年前的老子的主张有很多共鸣。比如《道德经》讲："有无相生，难易相成。"有生于无，既然课堂上老师的角色是帮助学生自我建构，老师要让自己"无"，要抽身，才能建构学生的"有"；如果老师固守自己的"有"，一旦和学生原有的"有"产生冲突，老师难免陷入防御态，老师的防御激发了学生的防御，学生的建构就不会有效果。难易相成，老师要努力使自己的知识易被学生吸收，而把教学设计的"难"留给自己；相反，老师在设计上选择了"易"，就加大了课堂教学的难度。有和无的关系非常微妙。《道德经》第十一章说："三十幅共一毂，当其无，有车之用。埏埴以为器，当其无，有器之用。凿户牖以为室，当其无，有室之用。故有之以为利，无之以为用。"老师有自己很强的逻辑，便于自己的表达和呈现，这叫做"有之以为利"。倘若老师把自己的逻辑消隐起来，把智慧溶解到课堂上作为学生建构的养分，才便于学生吸收利用，叫做"无之以为用"。

授课中，PPT可以说是老师展现的逻辑。但近几年，我常常感觉到PPT限制我的发挥。可能很多讲师没有在意PPT的副作用，PPT是讲师的竞争对手，不仅跟讲师抢夺学员的注意力（有的人PPT做得很炫，导致学员兴趣转移，有时候PPT字很多又很小，吸引学员皱眉苦读而注意力转移），而且把老师束缚到某种框架之中（不讲，PPT上有，讲，时间不够；讲课的时候老想着还有很多页PPT没讲，得赶紧赶时间，甚至忽略学生很重要的提问，讲课老像赶飞机似的）。

据我了解，杰克·韦尔奇当年在 GE 克劳顿村上课，通常是每天只讲半小时，剩下的时间回答学员提出的各种各样的问题，跟学员互动。因为只有这样才能就学员真正关心的问题展开，挑战是：老师要能做到水来土掩、刀来剑挡，"无我"需要更大的功力。

我经常采用的方法是，把自己的 PPT 按照知识点拆解成若干个小的知识 PPT，每个只有三五页放到一个目录下。上课时让学员用微行动学习的方式，团队列出大家关心的问题，然后找到解答每个问题的 PPT 后展开。问到我没有准备过的问题，就现场组织大家用行动学习的方式讨论，找到一个大家都能接受的答案。课后再将行动学习的成果做成 PPT，以备再上课时被人问到，十场培训下来，几乎所有可能问到的知识点都可以齐备，只是没有老师的逻辑了，趋向"无之以为用"的境界。

"无为无不为"、"上善若水，水善利万物而不争"其实都可以看做对"师道"的阐释。

四、过程：张弛有度的编排

填鸭式的培训无须过程设计，老师旁若无人地宣讲，无须关注学员的状态，老师只要按时间把自己要讲的内容讲完了就宣布下课。今天，不符合人类认知规律、不考虑人类精力和情感规律的蛮丁型授课比比皆是，过程设计可以说是传统教学设计的短板。如果老师在授课过程不能有效调动学生，即便最后考试学生考了满分，也不能说是老师授课的功劳。

建构主义则主张课程要设计成拉链型的，授课过程要像拉风箱一样互动。课堂上，讲师的讲授和学员的建构同时进行，所以培训过程如给小孩喂饭，喂一口，要等小孩咽一口。

> 讲师的传授和学员的理解接受要合拍，培训的效果在过程中产生。科学的过程设计对培训效果起着至关重要的作用。

1. 过程设计的三足平衡

过程设计是设计整个培训的节奏，有张有弛，有聚有散，把学生的注意力想尽一切办法吸引到课堂上。因此，过程设计要综合考虑三方面的要素：第一，教学内容的特点和教学策略的选择；第二，要结合学生一天中精力旺衰生理和情感起伏的心理规律；第三，符合人类大脑感知、联想、评估、决策的思维过程规律。

教学内容与过程设计

知识的教学效果要用有效提取来衡量，所以传授新的知识最好选择在学生精力最旺盛的时候；艾宾浩斯的遗忘曲线还提醒我们多一些复习，最好半天安排一次复习；考试对知识的掌握也很有效。

技能的教学则需要学生做出来，培养的基本原则是多练。老师一旦有效调动学生亲自动手做的时候，学生想不集中精力都难。所以，练习可以安排在学生精力衰退的中午时间。态度则需要情境、引发讨论、相互质疑、促进反思、学生分享感悟等教学环节，需要引导学生得出结论。

个人认为，面授的全部意义在于互动。今天，绝大多数知识的讲授都可以用 E-learning 的方式进行，用宣教的方式试图改变学员态度几乎可以说是愚蠢的做法，技能则要在课堂上把"学"和"习"接轨。不同内容有不同的教学策略，教学过程编排首要考虑的变量是内容的特点。

精力兴衰的规律

一天中，人的精力状况呈 U 形分布。一日之计在于晨，早上学员精力最旺盛，大概可以坚持到十点半至十一点；十一点之后就有点饿了，也困了，精力就稍差一些；下午一点到两点，血液集中在肠胃消化食物去了，大脑供血不足，是一天中精力最差的时候，很多人有睡午觉的习惯；从三点开始到下午五六点又是一天最黄金的时间。所以授课的刺激程度就要遵行倒 U 原则（见图 7）：早上头两小时不用强刺激，因为学生的精力比较充沛；中午和下午学生容易犯困，则可多用互动演练，增加刺激强度；最后两小时，又是一个黄金时间段，可以讲点新知，也要做好复习，最后让学员带着对一天所学的回味下课。

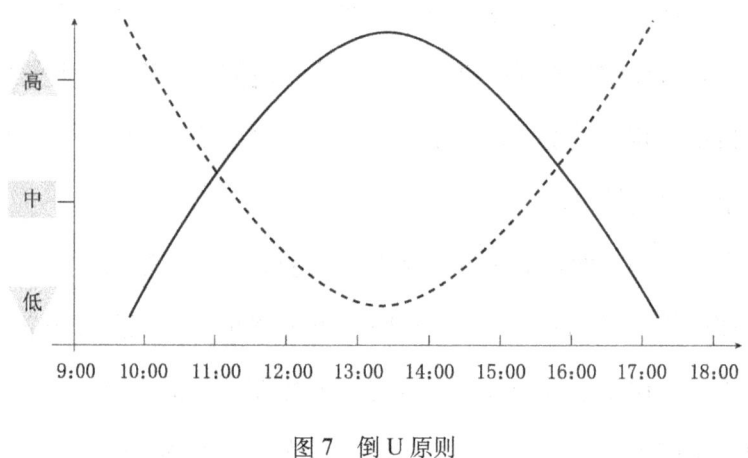

图7　倒U原则

简单的原则就是学生精力旺盛，采用刺激程度小的教学形式；学员精力衰减，采用刺激程度大的教学形式。

认知过程的规律

人类对客观世界认知的基本规律是先感性、再理性。思维过程左右脑是交替起作用的，右脑负责接收感性的信号，左脑负责逻辑加工。人类意识的四大基本过程是感知、联想、评估、决策，其中感知、联想多赖右脑之功，评估和决策则多发挥左脑推理之长。

就某一教学单元来讲，也会有一个发起、发展、高潮、收结的过程，这个过程要与学生感知、联想、评估、决策的思维过程合拍。对学生来讲，合拍的感觉是美妙的：既有真实的体验感，又有理性的逻辑感；既有趣味，又有深刻的道理。

教学过程的设计中永远要考虑所授内容的特点、学员的精力状况和认知过程的思维规律。

2．过程设计五大策略

心电图

既然学员的精力状况呈 U 形分布，那么老师教学过程中所采取的教学活动的刺激程度就要倒 U 形分布。学生精力充沛的时候多一些讲解，在精力不济的时候多一些互动和练习。有人把教学活动对学员的刺激程度进行了分级，如下表。

教学策略	刺激程度	简要评价
情境模拟	10	亲自操作且应付变化，参与度最高
学员练习	9	亲自操作，参与度最高
自我测评	8	激发好奇心，参与度极高
角色扮演	7	当众扮演角色，参与度极高
案例分析	6	短期内完成作业、形成结论，学员参与度高
小组讨论	5	人数较少，学员参与度高
大组讨论	4	学员较深度参与，但人数较多，易责任分担
学员发言	3	发言学员受到关注，其余学员倾听、评价
讲授	2	宣讲方式，学员易开小差
阅读	1	相当于自学，全靠自觉性

课程设计时可以根据教学活动的刺激程度绘制课程的"心电图"，心电图的大体轮廓最好是倒 U 形。图 8 是一个心电图的样例。

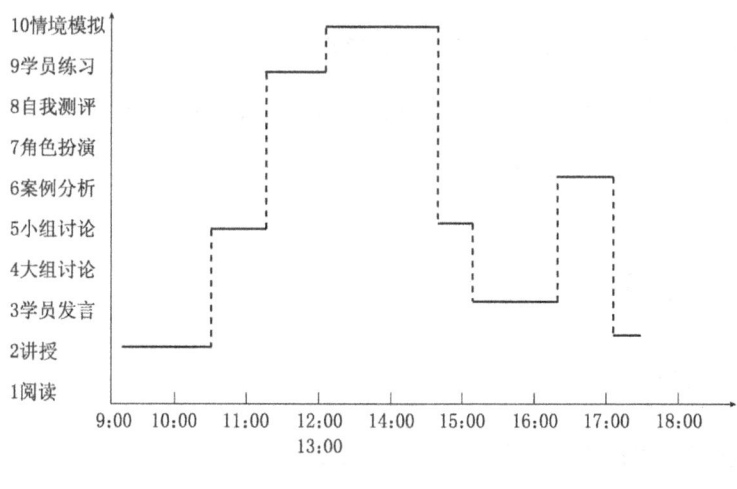

图 8　心电图

学员参与激励规则

要让学员在课堂上找到玩游戏一般的感觉是很多老师非常向往的事情。课堂的气场是师生共同营造出来的，老师成功地调动了学员参与，学员积极投入的表现又调动了老师授课的热情，相互激励进入良性循环，参与者的感觉就会越来越好；相反，如果不幸进入恶性循环，大家都会感到索然无味。

课程设计中最好能够设计一些调动学生参与的激励机制。比如，"企业经营管理沙盘"中用塑料币代表钱，每个 100 万元，学生就开始计较上了；还有"策略销售"课程中让学生有竞标的感觉，最后评选出最优秀的销售团队。我在授课中也经常采用扑克牌作为激励筹码，按小组 PK，每个小组有不同的职责，每当小组履行职责较好时、回答问题踊跃且有亮点时、小组呈现精彩时都会有扑克牌，最后评出最佳小组和个人。课堂是一个临时的组织，这个组织需要有激励因素激励学生有归属感和投入度。如果课堂吸引不了学生的注意力，学生必然被其他事情所吸引。

顺带说几句：有很多老师为培训的控场烦恼，先是愁调动不起来，调动起来又愁收不住。有一个很好的办法就是利用规则控场，用"法治"而不是靠讲师"人治"，讲师一开始就可以树立若干条规则，有奖励的条款，当然也可以有小小惩罚性质的条款。

左右脑交替调动

本书多处提到左右脑的原理，实在是因为其太重要了。左右脑是20世纪人类对自身探索的重大成果，但遗憾的是，在社会科学领域，从探索到应用总会有一个漫长的过程。要想让学员全身心参与到课堂里，老师要尽可能有效调动学员的左右脑交替参与，不让任何半边脑开小差。

有人曾很好奇地问了我一个问题："老师，你说的道理我都懂了，可是，在课堂教学中，我如何才能养成交替驱动学生左右脑的习惯呢？"

我说："这是一个好问题。如果你在备课过程中不能有效驱动自己的左右脑，那么你就别想在课堂上驱动学生的左右脑。"

学员们陷入沉思,好像有所开悟。

我接着说:"换句话说,如果你在备课过程中能有效交替驱动自己的左右脑,那么在课堂上自然能有效驱动学生的左右脑。所以,第一步是善于觉察自己思考时用的是哪个脑半球,第二步是把你思考的过程改造成全脑参与的,第三步是把你全脑思考的过程显性化,设计成PPT。"

我认为,应该把左右脑的驱动提前到课程设计与开发环节,从而使调动学员左右脑交替思考不再属于艺术范畴,而演变成科学的设计。比如,给情境就是调动学员的右脑,情境要尽可能具体生动,满足右脑的审美需要,好的情境,还能激活学员的镜像神经,驱使学员产生移情,达到所谓身临其境的感觉,这样右脑就找到了参与的乐趣。同时还要善于发问,一个评价性的问题就把学员的大脑引导到左脑思维状态,老师可以引导学员分析、归纳、总结、评价。

单元五星教学

五星教学总结出教学的五大基本过程:聚焦问题、激活旧知、论证新知、应用新知和融会贯通,我已经在《上接战略,下接绩效:培训就该这样搞》一书中详细论述过。要特别指出的是:五星教学本身是梅耶教授在实践的基础上,归纳总结了十一种不同教学过程设计主张的特点最终形成的。五星教学本身和人类认知过程的规律是合拍的，是非常科学的教学方法。第一步聚焦问题就是以老师为中心，要将学生置身于一个情境、任务或问题中，老师用情境驱动学生右脑，用问题驱动学生左脑。第二步激活旧知就把课堂的焦点转移到学生身上，驱动学生的右脑来产生联想，试图让学生用他们过去的知识和经验来解决当下的问题，其目的就是要激活学生消化新知的酶。因为只有学生把老师要传授的新知和自己已有的旧知和过去的经验关联起来，才能把新知编织到他自己的知识体系那张网上。第三步论证新知，焦点又回到老师身上，老师要引领学生剖析现象背后的道理，要给学生一个可以信服的论证，这就又驱动学生的左脑去推理，甚至要从多角度、多方面论证新知，让学生的大脑皮层产生多条把新知和自己大脑图式关联起来的通路。第四步应用新知，球又抛给学生，就是驱动学生左脑让其有意识地去用，这个过程中老师可以帮助其完成以树立信心，帮助其纠偏以免学生误解。学生自己折腾出效果了，受到激励，就有利于掌握。第五步融会贯通，是一个相对漫长的过程，也是师生乃至全班互动的过程，每个人都可以结合自己的经验谈对的体会、谈自己的感悟，实现将新知和旧知的深度关联和融合，新知被彻底掌握的标志是：学习者将新知彻底罗织在自己认知图式的那张大网上，分不清新知和旧知。

所以单元教学中能有效运用五星教学法，课堂就一定会形成拉风箱式的师生互动的局面，也能更好地调度学生全脑参与。

调频

微观上讲，成年人在课堂上注意力非常容易转移，动辄就开小差。为了持续抓住学员的注意力，大约每15分钟，讲师就需要让他们动一下或笑一笑，以便学员的注意力重新聚焦到课堂上。我把这个动作戏称为调频，即保证全班学员和讲师处在同一频道上。

> 用友大学三周年的时候，我准备了一个90分钟的演讲，因为那天大家都很兴奋，各议程严重拖堂，等我开讲的时候已经是11:55了。我上来就说今天为大家准备了一顿精神大餐，大家可能要饿着肚子听我演讲。我当时在台上就给自己确立了一个标准：只要有5个人失去兴趣选择离场，我就结束我的演讲。
>
> 这时候所有的听众的确都饿了，也困了。为了保证效果，我每10分钟之内必做一次调频，要么一个笑话大家哄堂大笑、要么让大家集体鼓掌，要么大声征求学员意见……总之，我想尽一切办法来保证当我讲重要内容的时候，大家的注意力在听我的演讲。就这样，我一直讲到下午1:40，中途竟然无人离场。最后，大家都吃了残羹冷饭，但人人都异常兴奋。好多人都向我反馈说："今天享受了一场难得的精神大餐，饿一会儿肚子绝对值得。"

调频的方法很多，比方让学员集体鼓掌，集体叫好，讲一个与内容相关的冷笑话逗大家全体一乐，让大家抄写一段文字……举例说，讲师讲课途中发现某学员打盹了，这时候讲师就需要调频。讲师可以就某观点征询大家意见，让同意的学员鼓掌，全场一片掌声，惊醒了打盹的学员，一个激灵他醒过神来，就重新聚集到课堂上来。调频和左右脑输入用好了，即便是演讲，学员也不会觉得困。

3. 开发是科学，授课是艺术

通过这两章的论述，我们不难发现，课程开发要遵循很多科学。比如，从业务现状中梳理培训需求的过程，就要遵循统计法则和大数法则，必要时还要采用回归分析这样的数理统计工具；在教学策略设计上，又要遵循人类认知的基本规律，比如大脑的记忆规律、动作技能的强化规律等；而在课程形式、逻辑和过程设计上，还要遵循生理或心理的一些规律。所有这些因素在课程开发的过程中都要充分考虑，努力让课程的内容符合业务的需求，教学的策略与教学内容的特点相适应，教学形式能够根据教学内容做创新设计，过程能够张弛有度，让学员轻松愉快而不过分增加大脑的负担，而这些都是可以设计出来的。所以课程设计和开发是讲求科学的，最终的目的是要达到：让那些即便没有多少授课经验的讲师，严格按照课程设计的要求按部就班地进行下去，课堂效果也在75分以上。

而具体授课过程则是艺术，即便课程设计得很完美，授课过程中讲师依然有很大的自由发挥的空间，越有经验的讲师临场发挥的空间越大。如果说设计是为了让一个课程发挥出最基本的功力，提升讲师授课效果的基线，那么讲师的临场发挥，能使课程升华，发挥出超设计的功力。说来很有意思，任何产品的完善都会有一个"设计-修正-再设计-再修正……"的循环往复过程，而这个过程中，需要有感觉、有经验的讲师在授课过程中感觉和把握，然后修改完善。

举一个我自己的例子。虽然我非常推崇课程的过程设计要符合人们精力和思维的基本规律，要经常调频，但我的课堂却也经常根据情况不遵守这些。为什么呢？就算下午一两点我做宣讲，学员也会非常投入，我从他们的表情上能捕捉到他们听得很认真，调频也可以少一点。

我参与过一次国学讲修心的课，上课的老师很平和，旁若无人般一板一眼地娓娓道来，并不像我们这样抑扬顿挫，采用多种教学形式并引导学员参与，学员却也照样听得非常投入。因为大师的威名一开始就吸引了大家，过程中尽管大师没有鼓动学员，但学员却主动参与，生怕落下了什么。这里面也有一个道理，过程设计的目的还是利用一些规律尽可能地吸引学员注意力，而很多大师本身的魅力很大，台上一站马上就能形成一个吸引力很大的气场，课堂上就没必要再画蛇添足地设计不同程度的刺激方式来吸引学员参与。课程设计与授课的关系很像戏曲编排和演员表演的关系。好比戏曲，演戏是要多次编排的，编排是为了让演出连贯自然、起伏跌宕、合乎逻辑，进而更吸引观众，而大腕演员在演出的时候一上台就魅力四射，他们的表演在编排的大框架下却有着自己独特的发挥，甚至偶尔突破编排，展现自己的风格。

设计是科学，表演是艺术！

第四章

精雕细琢的全过程彩排

从萃取需求、描述目标、搜集内容、选择与创新形式、架构逻辑、编排过程,甚至多少回的反复和磨合,还要经得起教学实践的检验……课程设计少不了一个精雕细琢的过程,其捷径就是不断地上课,从实践中提高,从课堂上挖掘学生们真正感兴趣的话题,并汲取鲜活的教学素材,与时俱进。

一、需求要深入挖掘和理解

> 不管是什么课程都要立足于学员现状，只有适合学员的课程才是好课程。

很多培训组织者都头疼学员参与度不高的问题，他们总抱怨说："好不容易组织了一场培训，临上课却稀稀拉拉没几个人参加，中途又有人陆陆续续地离开。作为组织者，心就拔凉拔凉的。"造成此现象的原因很多，我想其中最重要的原因恐怕还是课程的针对性不强：课程所授的内容不是学员想学的内容。

1．课程效果不佳有原因

绝大多数CEO同时认同这样两个观点：一是能力问题是制约企业发展的关键瓶颈，二是企业当前组织的培训是无效的或针对性不强的。为什么决策层总是感觉能力问题是企业最头疼的问题？培训组织者每年安排很多培训，为什么业务主管依然抱怨培训针对性不强？这要从培训工作开展的现状说起。

一位资深的人力资源总监曾对我说她恨不得辞去人力资源总监的职位而只当个培训主管，把培训抓起来。我很好奇地问她原因，她说："培训是我们人力资源工作的短板，也成了老板、业务部门的出气筒，而我们的培训工作实际上做成了两层皮。"在我的一再追问下，她道出了他们培训工作开展的现状，说："不瞒你说，我们每年都花大把大把的预算，采购很多很多的课程，什么流行上什么，以至于现在都不知道该上什么课了。但员工的能力似乎并没什么明显提高，培训整个就是个无底洞。"我问："如果这些课程都不采购，会怎么样呢？"她回答："我估计也没什么大不了的。打个比方，我们的培训主管就像是买药的，听说人到中年要补钙，又听说某个药厂生产的钙很好，就采购一批钙回来给大家吃；又听说市场上最近流行脑白金，老年人都吃脑白金，咱们也吃脑白金。采购的这些课程都是

> 保健药，没有治病的，全是人家流行什么我们买什么，基本不关注自己实际得的什么病。"我说："这个现象在国内非常普遍，给那些'课程贩子'的咨询公司提供了广阔的生存空间，而我个人认为，跟企业业务没有直接相关逻辑的课程完全可以不上。"这位人力资源总监非常认同。

上述案例所描述的情境非常普遍，培训部门过分关注外部供应市场，而对自身的需求研究不够，采购外部普遍流行的课程却很难解决企业自己独有的问题，造成培训效果不佳或针对性不强的结果也有其必然性。更严重的后果是：模式持续久了，参与培训的学员也会对培训失望，参与的积极性不高，对培训产生负面的认知。这样的做法犹如喝盐水解渴，结果会越喝越渴。

如何解决这个问题呢？恐怕还要深入挖掘和理解企业自身对培训的需求，做接轨战略，紧贴业务的培训，开发属于自己的课程。

企业培训跟院校教育有很大的不同。企业是营利性组织，培训很功利，老板们把培训看做是在员工身上的投资，根本目的还是要收到更好的回报。尽管我本人不太相信企业培训投入能够和企业ROI之间产生清晰的定量关系，但坚信一个大方向是对的——企业培训要尽量地接轨企业战略要求，紧贴业务实际，培训的内容针对性越强，价值越大。

在世界快速变化的今天，企业的战略也需要随机应变地不断调整，业务开展中的问题也会层出不穷，因此，企业培训中所培训的内容不像院校教育那样相对固定，而需要及时根据战略要求调整、在业务中萃取，及时更新。

2. 培训需求的三个层面

企业培训的内容一般由三个方面驱动——战略驱动、业务驱动和员工能力驱动。战略驱动的培训是因为企业战略转移对组织能力提出了新要求，需要给员工新的培训以满足新的战略要求；业务驱动的培训是企业在业务开展过程中遇到了问题或阻力，需要通过培训来促进相关问题的解决，消除业务开展阻力。第三类是员工能力驱动的培训，即员工能力满足不了岗位的要求，通过培训使员工能够胜任其岗位。在企业中的培训，三种需求都有，只是因发展阶段不同而比重不同而已。

以上三类培训需求中，最常见又最容易解决的是第三类。这类培训有一个基本的假设，就是组织的战略、策略、制度、流程、文化和价值观都是完美的，只是员工的能力达不到岗位的要求，通过培训使员工能力达到岗位要求就可以了，这类培训中学员学习的内容也是组织多年积累的确定性的知识和技能，也多是基础性知识，培训内容完全可以像院校的教科书一样固定下来。因为组织的根基不动，只有一个学习环路，阿吉里斯称其为单环学习。比如公司的新员工训练营、员工晋级及职业技能认定类的培训，都属于此类。

而第一类和第二类则不同，企业战略转移往往需要管理层先换脑筋，随之会引发战略策略、制度流程、文化价值观等一系列的变化；业务过程遇到问题，既有可能是操作层面的问题，也有可能是业务策略层面的问题。这两类培训都有可能涉及组织的"上层建筑"的变化，阿吉里斯称其为双环学习。双环学习的内容通常是那些只有问题，没有答案的"病构"问题，学习过程中更需要集思广益、群策群力，寻找大家都认同的解决方案。双环学习是创新型学习和认知性学习，与单环学习相比，更适用于动态环境中的企业组织，对组织的价值更大。阿吉里斯提到："大多数组织对单环学习的模式非常拿手，但在双环学习上却困难重重。"

随着互联网应用的日益广深，企业经营外部环境的日益复杂多变，很显然，双环学习对组织的价值越来越大，然而要做到双环学习，则需要培训部门深入战略，深入业务实际。就像中医一样，要先望、闻、问、切地做深入详细的诊断，才能辨证施治，开符合病人身体状况和病情的药方，而这件事非常讲求专业性。

3. 满足需求的两大策略

所谓的技能，无非是在自己或他人以前的经验基础上总结提炼出来以应对未来类似情况的策略和方法。从这个角度看，满足企业培训需求有两大策略。

总结提炼内部最佳实践

针对已经成熟业务，组织中已经有相当一部分成员已经非常熟练，能够轻松高效地应对。培训工作的重点就是把这一部分熟练工身上的策略和方法提炼出来，复制到其他成员身上。假如团队成员对某一技能的掌握情况是这样的：20%的熟练成员平均达到 80 分的水平，另外 80%的成员只达到 50 分的水平。那么可以通过培训，把 20%的熟练成员身上的技能总结提炼成课程，面向另外 80%的人传授。

假如这 80%的人能掌握其中的 50%，即平均水平就可以从 50 分达到 65 分，就会带动全组织的生产效率大幅提高。当然，前 20%的熟练工也会在实践中继续提高，比如很快提高到 100 分的水平，那么用同样的逻辑，下一轮的培训工作又可以进行了。组织只要不断地将其先头部队身上领先的技能提炼总结，复制到全体员工群体，培训的价值就会很大（见图 9）。

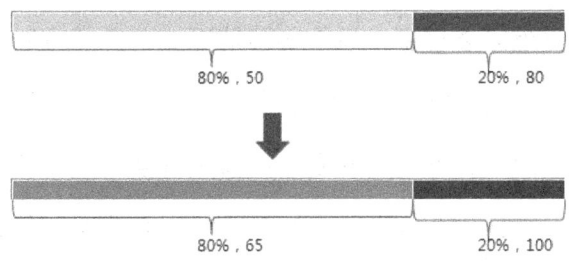

图 9　组织内部最佳实践的总结

学习借鉴外部优秀经验

针对新开展的业务，需要摸石头过河，连先头部队都不知道该怎么做或不熟练，假设只有 50 分的水平。这时候就需要对标学习，走出去广泛交流，学习业界其他企业的经验（见图 10）。

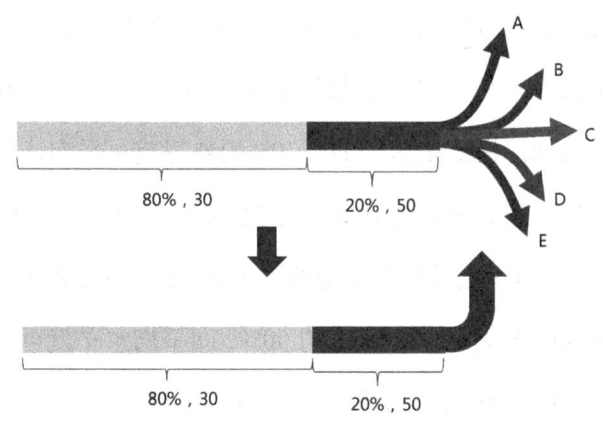

图 10　组织外部优秀经验的借鉴

假如了解了 A、B、C、D、E 五家企业的做法，每一家的做法都值得借鉴，却不能完全照搬。那么回来后，就用行动学习的方式建构属于自己的做法，这个过程中会有很多选择，甚至有些选择是很艰难的，当然还要根据本组织实际情况加上自己的创新。当这些选择做完了，完成了属于自己的建构，"先头部队"先达成共识，制定统一的行动纲领，就可以开发一门课进行全员的训导，以引领整个组织前进。当部分人达到熟练水平时，又回到第一种策略。

这两种策略正代表了两大基本实践——创新和复制。创新才能够差异化，才能找到属于自己的蓝海，创新才能带来高附加值；而复制则是要把某种设计最大化推广，以期获得规模化的利润，是利润的最终实现过程。

4. 培训需求访谈法

我们知道，软件工程中最重要的是需求工程，需求是整个工程的发端，最终的产品能否满足客户真正的需求是软件工程的重点和难点问题。培训也一样，从战略要求和业务现状中抽丝剥茧，萃取企业的培训需求，让培训课程能满足企业需要，让学员觉得实用是培训工作者的头等大事。可惜的是这个头等大事却被很多培训工作者草率糊弄，甚至干脆不理，培训需求梳理是要讲求方法的，甚至可以写成一本书叫《培训需求访谈》，这本书的主旨就是研究从战略主题、业务现状萃取培训需求。

BEI 访谈法

培训需求调研和梳理的典型方法有 BEI（Behavioral Event Interview）访谈法，又称行为事件访谈法。其目的在于获取受访者的行为事件，主要过程是请受访者谈其工作中的关键事件，描述情境、遇到的问题、采取的措施，以及最后的结果等。当然这些事件可以是正面的例子，也可以是负面的例子。

行为事件访谈法多用于构建能力素质模型，从收集到的具体的员工行为事件中汇总、分析、编码，找出目标岗位的核心素质，建立岗位素质模型，反过来，岗位素质模型又可用于招聘和培训环节，用同样的方法检验受访者的岗位符合度及能力缺口。

同样的访谈法，在具体应用中还可以有所偏向，即偏重员工行为表现还是偏重业务问题情境？重心放在员工行为的访谈，常用于单环学习的设计，重点要找出员工的能力缺口，即关键行为访谈。重点访谈业务开展中遇到的问题和障碍，重心在问题本身上，则便于查找业务开展过程中遇到的问题，为了区别，我称为关键业务事件访谈法。这些业务问题则有可能是策略设计、机制、流程等因素造成的，多次访谈找到业务中的问题后，进行相应的策略调整、流程优化等，再将调整优化的设计变成课程，即开展业务驱动的培训。

我很推崇关键行为事件或关键业务事件访谈法，最重要的原因是它真实，有情境。培训就是要让学员从概念中获得直接的体验，而这种访谈的情境本身就是很真实的培训素材。极端一点地说，假如一堂课没有什么理论，也没有什么要讲的内容，就把这些每天在身边发生的真实业务情境在课堂上抛出来供学员讨论，这样的研讨班都比采购外部金牌讲师做个人秀的效果好。

生动的培训课堂是需要生动的案例和情境的，课程开发要走的路大致是：从真实的业务情境中分析、归纳、总结、寻找出解决问题的方法论，这些方法论往往是要结合某种理论的，再将这些方法论还原到业务情境中去。课程开发过程要走一个从具体到抽象，再从抽象还原到具体的 U 形曲线，与"艺术源于生活，高于生活"是同样的道理。

所以，我经常强调，老师在课堂上讲的所有内容都应该在现实生活中能找到类似的情境，找不到情境的内容往往也就不是学生所需要的内容。也正因为如此，课程开发在需求访谈环节做得越扎实，课程设计的案例就越生动，开发者在此处多下点功夫可谓磨刀不误砍柴工。

行动学习法

BEI访谈法是一个好的办法，但缺陷是需要一个一个学员串行访谈，有没有更高效的方法呢？有。我们做过一些尝试，效果很好。那就是办研讨班，把有经验的业务人员汇集在一起，用行动学习的方式搜集问题，再探讨问题的答案。研讨班上只有一群来自业务一线的精英，他们知道业务开展中遇到的问题，也很清楚业务开展过程中遇到的典型问题。

我们在开发"捍卫尊严"课程时就集中了50多名一线的业务高手，进行了案例收集，从而使得课程的剧本非常贴近业务实际，视频非常生动。这种方式还特别适合新的业务模式摸索阶段的课程开发，全国各地都积累了一点具体的业务经验，然后汇集在一起，用行动学习的方式收集问题、相互分享经验，最后形成一个阶段性的问题和经验汇集的准课程，快速在全国轮训。这样的课程虽然不一定完美和周到，但至少务实而解渴。

旨在收集课程需求的行动学习需要专门的过程设计，其过程我通常借鉴六西格玛的DMAIC流程。

第一是定义问题（Define），要找到战略执行或者业务开展过程中的关键问题。这个环节可以用团队列名或者头脑风暴的方法，找出很多问题，然后根据学员投票或统计分析的方法找到影响产品或服务质量的关键因素。记住，不要期望用一场培训解决所有遇到的问题，根据二八原则，能够找到并解决当前最紧急重要的20%的问题就抓住了事物的要害。

第二是测量（Measure），主要工作是收集事实及数据。比如每个关键因素中，员工现有的水平要尽可能地量化，必要时现场就可以进行抽样调查，测量研讨班人员的平均水平，当然也可以参考标杆企业的水平和业界的平均水平等。

西方人很喜欢定量管理，我很佩服他们把很多看似很无秩序、无阶梯的东西强行量化的本事，尽管有时候觉得这些量化有点可笑，但绝对不能小觑量化的作用。心理学研究表明，最蹩脚的量化也比人为的拍脑袋有效。东方人随意惯了，不喜欢量化，这一点可以改进，不仅要摸清学员欠缺什么能力，而且尽量定义出其欠缺的程度。

第三是分析（Analyze），最重要的任务是找到问题的根源，然后对症下药。评估当前绩效水平并分析造成其现状的主要原因，问题的原因不全都是培训不足，我们要厘清哪些问题是培训能够解决或促进解决的，找出影响目前绩效的潜在问题及其影响因素。针对性的培训和合理化建议都要建立在精准的分析基础上。最常用的方法是鱼骨分析法，当然也可以再次使用团队共创等常用方法。

第四是改进（Improve），从六西格玛的角度看，开发课程并对相关人员进行培训是六西格玛改进方案的一部分，此外还可以有别的改进方案。这个环节照样可以集思广益，收集最佳的实践案例，共创最佳的改进方案，必要时还可以做一些试点和验证。改进试点和验证要与当初的问题定义相呼应起来。

第五是控制（Control），主要任务是维持改进的成果，去掉那些效果不明显的改进。对应到课程开发和实施上来讲，就是保留和持续强化有效果的培训内容，去掉那些没有效果的培训内容。控制是一个长期的过程，要不断地检测和检查，持续地改进和提高，但是在课程设计阶段就要设计检测和检查的方案。我强调，好课程是磨出来的。

六西格玛的 DMAIC 流程也是一个很好的行动学习工具，用于指导课程开发全过程非常恰当。我们采用这个流程实践过多次课程开发，其最大的优势是既贴近业务又高效。

5. 适合的才是最好的

梳理课程要解决的问题，定义出要给学员传授的能力只是课程开发的一个方面。另一方面，还要了解学员的能力现状，掌握其学习的内在条件。如果给小学二年级的学生讲微积分，无论老师讲得多好，课程设计得多么巧妙，都不会有效果，因为学生不具备学习微积分的内在条件。建构主义认为，学员用已有的知识来消化新的知识，所以要教学员新知识，先要分析学员现有的水平。

苏联教育学家维果茨基提出最近发展区域（Zone of Proximal Development，ZPD）的概念（见图 11）。他认为，教育对学生的发展能起到主导作用和促进作用，但需要确定学生发展的两种水平，一种是已经达到的发展水平，另一种是学生可能达到的发展水平，学生不能独立地完成任务，但在他人的帮助下，在集体活动中，通过模仿，却能够完成这些任务。这两种水平之间的距离，就是"最近发展区域"，而培训的内容在学员的最近发展区域范围内，学员才容易理解、接受和模仿。

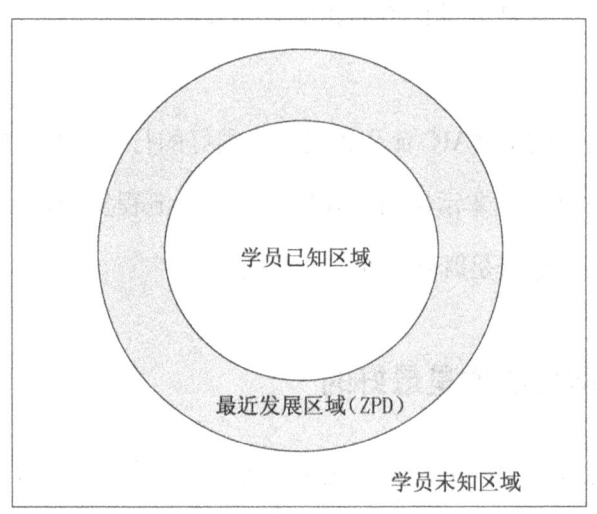

图 11　最近发展区域理论

假如某人已经掌握的知识集合是一个圆，圆周外的知识是其还没有掌握的知识。已知知识的圆越大，其周长也越长，他能感觉到的自己没掌握的知识也越多，这就是"学然后知不足"的道理。学员要学习的新知识最好在其已有知识圆的紧外围，这样学员才便于找到新知和旧知的联系，把新知编制到自己已有的知识体系中。

如果所授的新知远离学员已有旧知的圆圈，不管新知多么有价值，学员接受起来都有困难，而这种困难太大的话，学员干脆就失去了学习的兴趣。假如有人现在要传授我研制核导弹的技术，我肯定不感兴趣，因为它离我的生活太远，我根本不具备掌握这些知识的基础。

由此可见，不管是什么课程，只有适合学员的课程才是好课程。不考虑学员现状，闭门造车的课程，或者一门课程打遍天下的课程，肯定不会是什么好课程。更多的时候我们要找到一个或几个典型学员代表，来了解他们的最近发展区域，然后才能精准决策课程内容的选取和教学策略的选择。

谈到这里，顺便说一个跟行动学习有关的话题。很多人问我："行动学习对参与的学员有要求吗？为什么我们开展的一些行动学习有些学员感觉无趣呢？"实际上，行动学习也涉及 ZPD 的问题，即全班的学员水平大致相当，开展行动学习的时候大家才能谈论到一个频道上，才能有效讨论。如果行动学习参与者的级别相差太大，学员的 ZPD 水平参差不齐，那么不是有人觉得太小儿科而不屑参与，就是有人觉得太高深参与不进去。

建构主义认为，小组或大组讨论的过程就是意义协商的过程，学员们不仅在乎学什么,而且在乎跟谁一起学。如果学员水平太过参差不齐,老师便必然顾此失彼,很难让大家都满意。有很多老师应付这种局面的法宝是转而讲授一些大家都知道的常识,如谈孝道、谈敬业,或针砭时弊的小段子,只能算是哗众取宠,实际效果和相声、杂耍的取悦观众没什么两样。

还有一些蛮干的做法,有些人采购一门课程觉得花了不少钱,干脆一只羊也是放,一群羊也是放,把相关不相关的人都叫来听。这样的安排还没开始就把讲师置身于一个顾此失彼的尴尬状态。

当然,对学员的分析绝不只是 ZPD,其实学员的性别、年龄、职位、学习习惯、企业文化等很多因素都影响上课的效果。

6. 确定课程总体目标

培训要解决的问题分析了,学员的现状水平也掌握了,那么最后可以明确导出课程开发的目标。衡量完学员当前能力水平之后,我们就会发现现实的能力水平呈正态分布。我们可以找到正态分布的轴心,然后确定标杆水平。我们希望通过培训达到什么样的新水准,确定一个新标杆,这个标杆可以参考同行业的平均水平或优秀企业的标杆水平,也可以是企业自己员工中的优秀员工的水平,还有可能是领导期望应该达到的水平。毫无疑问,这两个水平之间有一个差距,这个差距需要开发一门课程来弥补。

接下来可以讨论这些差距如何弥补,这些能力用什么样的方式培养。有了差距也就比较容易精准定义和描述课程最后的目标，甚至把目标表述成表现性目标也变得容易了。

以上几节描述了一个课程从粗略需求到最终精准目标定位的大概步骤。其步骤与很多课程设计原理的著作大致相似，更多分享了一些实践过程中我们采用过的方法。最后分享一个简单的案例，试图把上述过程贯穿起来。

> 有一个电子产品的销售门店。老板向我反映："人比人气死人，我们门店里的销售员，最优秀的平均每天能卖五套产品，而最次的一星期五个工作日也卖不出去一套，差距怎么就那么大呢？"
>
> 我："如果把你所有销售员的平均水平都提高到最优秀的那位销售员的60%，即每天卖三套，你觉得会怎么样？"
>
> 老板："如果那样，我的人头不变的情况下销量就会翻番，太好了。"
>
> 我："有必要观察和分析一下你那个优秀的销售员的行为，看哪些是她的天赋，哪些能够学得会。如果有60%的行为能学得会，你这个问题就有解了。"
>
> 结果这位老板在他们的门店里安装了摄像头，如实地记录了一整天的上班过程。我们发现门店销售员的工作任务无非是招揽顾客、探寻需求、介绍产品、价格谈判、交

付货物等几个环节。我们对最优秀的销售员的行为进行了分析，发现她能够灵活、娴熟地应对每个环节，让顾客觉得很舒服。一方面观察她的录像，分析出其身上的特质，即那些他人不容易学到的性格特征，比如很体谅客人，做事很投入，与人交往的欲望很强等；另一方面则是其运用的技巧，比如探寻需求的技巧、介绍产品特点的技巧、处理异议的技巧，这些东西也有现成的课程。既然课程标杆树立了（平均水平达到销售模范的60%），销售过程中关键任务的最佳实践也是现成的，就很容易总结一门实用的课程。

二、目标是课程开发的起点

> 目标的重要性不言而喻，然而在课程开发中却常常被人忽视。

很多课程目标描述太过笼统，课前目标不清，课堂上老师和学生都没有压力，课后评价自然效果不好。本节讨论目标的重要性及表现性目标的表达方式。

1. 四两拨千斤的课程目标

课堂上，我经常问这样一个问题：如果一门课程有100页的PPT，其中有一页 PPT 的分量跟其他 99 页一样重，最可能是哪一页的PPT？答案是描述目标的那一页 PPT。为什么课程目标如此重要？何止是课程目标，干任何事情都是目标最重要，课程目标指引着整个课程的方向，目标不清晰的课程，价值也很难衡量，这是再自然不过的事情；没有目标的课程就没有方向，什么内容该取，什么内容该删根本没有标准，全是面多了加水，水多了加面。

通常的课程中，描述目标最常见的句式是了解什么什么、理解什么什么、掌握什么什么，请问，这样表述的目标如何检查？什么叫了解？什么叫理解？什么叫掌握？根本没办法检查。这样的课程实际上又暗含着一个假设：老师讲到了，就认为学生了解了；老师论证了，就认为学生理解了；老师演示或带领大家练习了，就认为学生掌握了。而事实绝非如此。

很多老师开发课程的过程是先七拼八凑了一堆内容，最后根据内容编造出一个课程目标。目标一旦表述成了解、理解、掌握式的，老师上课就没有压力，几乎不用管学生的课堂反应；只要个人秀做好了，上课就功德圆满了。

我的邮箱几乎每天都能收到各种各样的培训邀请函。如何通过邀请函快速判断一次培训是否值得参加？一个最简单的方法就是直接看其目标描述，我通常用半分钟的时间可以做出是否值得参加的决定。目标的价值和作用是不言而喻的。

目标决定内容的取舍

目标决定内容的取舍几乎可以说是尽人皆知的常识，但遗憾的是，很多课程做不到这一点。有的课程内容纯粹是老师要讲，而未必是教学目标的需要，老师要讲的原因又往往是觉得有意思，能活跃氛围；有的课程内容跟教学目标之间有夹角，一部分内容跟目标有关联，另一部分内容却跟目标关系不大，让人有食之无味，去之可惜的"鸡肋"感。课程开发时还常见的问题是一开始目标清晰，当收集了大量素材后渐渐被琳琅满目的内容淹没了目标，每一块内容似乎都是美丽的珍珠，但穿在一起却是一条非常蹩脚的项链。所以，每一块内容的取舍都要拷问其与目标的匹配关系。

目标牵引教学过程

目标不仅对教学设计有牵引作用，而且对课堂的教学过程有牵引作用。教学目标所确立的重点、难点自然也应该是课堂上花力气最大的点，分配更多的时间。建构主义认为教学过程即是学生对所学知识的自我建构过程，学生对知识的理解很大程度上取决于其对所学知识投入的精力和时间。我认为，知识是"折腾"出来的，教学目标要知道教学过程"折腾"的程度。过程越重点突出、详略得当，学生也越容易抓住要领，集中精力消化重点内容。

目标指导授课讲师

目标对授课讲师来说也有很强的指导意义。目标表述越清晰，老师上课时越有针对性，也越有压力。相反，如果教学目标描述得很模糊，老师课后效果评估的压力就被释放了，诸如了解、理解、掌握之类的目标太容易糊弄了。只要老师讲到就视同学生了解，只要老师论述就视同学生理解，只要老师演示就视同学生掌握。目标描述模糊很容易导致老师在上课中意外离题，只要喋喋不休把时间填满就算上课，课堂难免陷入老师和学生彼此都在应付的尴尬局面。

目标是课后测试的依据

课程目标还有一个明显的作用就是指导课程效果的测评。课程目标不清晰，课后的考核就缺乏依据，效果测评就显得困难。大家都认同培训效果评估是一个世界级的难题，培训界的同人总是想方设法把培训的效果跟企业的绩效连接起来。我认为，这个问题的根源还不在评估方法和手段上，而在于课程目标的描述上，目标不清晰是效果没法儿衡量的根本原因。

2．目标表述看表现

既然目标如此重要，而我们接触过的大部分课程目标又都是模糊的，那么究竟应该如何表述呢？这就要从学习的本质说起，百度百科对学习的定义是：学习是透过教授或体验而获得知识、技术、态度或价值的过程，从而导致可量度的稳定的行为变化，更准确一点来说是建立新的精神结构或审视过去的精神结构。

显然，学习是获得知识、技术、态度的过程，而可度量的稳定的行为变化是学习的结果。那么看学生的具体行为表现是最直接的学习效果评估方法，这就叫做表现性目标。表现性目标是指学生在从事某种活动后所得到的结果。

表现性目标要求课程目标应该表述成让学员学习后应该有什么样的行为表现。比如，学生态度有什么变化？能够实在完成什么任务？解决什么问题？陈述什么知识？目标聚焦在学员的具体行为表现上，老师教学就有了极强的针对性。学生要聚焦到具体的表现，最后的效果评估也有了依据。

我们通过一个例子来看看表现性目标与通常意义上的培训目标有何不同。以一门针对销售人员的客户拜访培训课程为例。

> 传统的课程目标：了解或掌握客户拜访的流程和方法。
> 表现性目标：用客户拜访的流程和方法当堂做角色演练

目标的精准确定和表现性的表述，会让课堂从出发点上就有根本的变化，课堂上学生必然要进行客户拜访的角色扮演，而课程目标的不同，也会给学员带来完全不一样的体验。一旦课程目标设置为表现性目标，老师的任务就由讲授者变为导师，老师的主要职责不再是讲,而是引导学员进行互动和演练。

以前一堂课下来,80%的时间是老师在讲,而建构主义的课堂,如果老师一堂课宣讲的时间超过50%,我们就认为这堂课是失败的。表现性目标还让当场检验培训效果成为可能。把目标设置成"当堂做角色演练",让目标当场就能检验。如果学生表现得不尽如人意,老师也可以当堂给予反馈和纠正。正是由于表现性目标,我们得以把评估放在课程设计和课堂讲授中,使培训效果在课前和课中有机会得到检验。

> 作为负责培训的主管,我经常在邮箱里收到很多公开课邀请,邀请邮件都极尽渲染,通常把课程和讲师都吹得神乎其神,还会煞费心思地列举一些知名学员的学习感言。我通常只要三五分钟就能对其课程的优劣做出判断,那就是打开课程大纲,直接寻找课程目标,如果课程的目标表述不是表现性的,我通常不会派人参加。课程目标表述还可以,我才会继续深入了解内容和讲师的情况。

表现性目标的优势在于其更接近学习的本质,更直接地聚焦学生的行为表现,所以把目标设定与评估做了很好的结合。只要这个目标是表现性的,老师在课堂上就能检查。如果说等课后再做柯式四级评估,我认为已经晚了。我非常主张老师在自己能控制的环节上要培训效果，等学生下课了，再布置一系列的作业，要求学生自行练习练习、琢磨琢磨，通常都是不切实际的、自欺欺人的自我安慰。

3．表现性目标的表达

认识到表现性目标的重要性后，接下来的问题就是如何把目标表述成表现性目标。表述表现性目标通常需要具体的动作。比如，通常说的让学生了解采购流程，掌握演讲技巧，这里的动词"了解、掌握"等太笼统、太模糊，没法儿衡量，不好表现。而表现性目标可以表述为：学生能够正确陈述采购流程；能够运用某某演讲技巧做一个一分钟演讲。于是课堂上老师就要安排部分学生在讲台上演讲，看学生的表现是否运用了老师所传授的技巧，下面的学生可以对讲台上学生的演讲进行评价，指出其运用较好的地方或指出不足，做点评的学生也是对所学知识的应用。

所以，这个演练环节，老师就可以把所有学生对知识的建构情况当堂测出来，而且很好地组织学生间的意义协商。课堂上的学生讨论就很能看到教学的效果，关键是老师要及时合理地安排学生来表现，学生表现了，讲师就有机会观察每个人的表现，直接感受到教学效果，还可以做到及时查漏补缺。

我在一次课堂上讲表现性目标，然后让学员用自己的语言陈述对表现性目标的看法,就有学员举手发言,他说:"我理解的表现性目标能够做到三合一,即让教学活动的设计、教学过程和教学效果的评估三个环节浑然成为一个整体。"这个学员的发言就反映了他对"表现性目标"这一知识的建构情况。

因此,在建构主义课堂上就要老师讲一讲,学生一起讨论建构一会儿,不然老师把握不了学生对知识的建构状况。学生在课堂上一展开讨论,社会建构主义所说的意义协商就发生了,学生彼此质疑和启发,对知识的理解就深入了。人是社会动物,我们的认知大都源自社会反馈,学生不说话老师无从知晓其是否理解,如果学生能够用自己的语言正确表达对所学知识的理解,老师当然有理由相信学生已经理解所授知识。

表现性目标应该是可量化、可操作、可以观察到的。这就让授课老师有压力了,怎样才能当堂观察到学生的表现呀?那就是讨论、呈现和操作。

有一次我们外请了一位知名度很高的讲师讲了三天TTT,讲师滔滔不绝讲了三天,什么语音语调的应用原则呀、什么肢体语言的解读和应用呀、什么控场的原则和技巧呀,那些没有太多讲师经验的学员听得热血沸腾,对讲师崇拜有加,很多人感觉收获巨大。课后,有学员向我反馈:"田校长，这个讲师讲得简直是太棒了！"我就冷不丁问了他一句："你相信坐在副驾驶上能学会开车吗？"

所有的 TTT 课程都要大量地讨论和练习，因为它是以技能为主的课。何止 TTT，在网络高度普及和发达的今天，以知识为主的课程根本没必要面授，E-learning 是最经济高效的方法。但凡要面授的课程，传授的必然是以态度和技能为主的能力，那么课堂建构必不可少。

人们对表现性目标的表述已经做了很多的研究，1956 年布卢姆的教学目标分类体系对不同教学内容的教学评估就是按学员行为来分类的。豪恩斯坦甚至把表现性目标和传统的课程目标表述做了翻译对照，图 12 是一个简单有效的翻译工具。

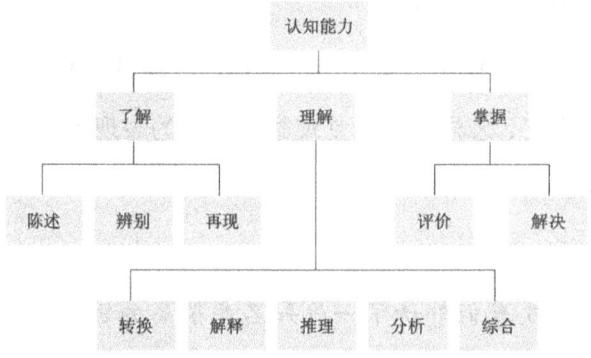

图 12　表现性目标与传统课程目标的对照

举例来说，在针对基层经理的招聘技巧课程中，课程的目标有一条：让学员掌握招聘面试的 STAR 提问法。如果要将其改成表现性目标应该如何改？翻译成表现性目标，可以用的词有"评价"和"解决"两个，显然套用"解决"比较合适，即让学员用 STAR 提问法"解决"一个面试难题。表现性目标可以翻译为："用 STAR 提问法做一个招聘演练。"这样，课堂就必须安排演练了，可以抽几组模拟面试，紧接着讲师向全体学员提问："刚才他们的演练中是否采用了 STAR 提问法？是不是完整的 STAR？其中 S 是什么？T 是什么？A、R 又是什么？让全体学员检验和检查。

　　读到这里，我们也检视一下读者对此"表现性目标"这一知识点的建构情况。读者可以尝试：

　　1. 用自己的语言陈述课程目标的重要性。

　　2. 表现性目标有什么意义和价值。

　　3. 检查一门自己讲授的课，审视其目标是不是表现性目标，如果不是，改为表现性目标。

三、内容要围绕目标充分延展

　　需求清晰、目标精准之后，课程开发中耗时最多、投入精力最大的工作就是素材的收集了。一门好的课程背后一定要有理论支撑，理论能指导实践，实践反过来又能验证理论。

> 理论可以是框架、模型，是骨，实践则是案例、情境，是肉。理论和实践交相呼应，学员才能够情理双通。

1. 主题阅读：间接经验的汲取

人类的知识大部分来自间接经验。开发课程需要汲取大量的间接经验，这就意味着要广泛涉猎与课程主题相关的各种资料。《如何阅读一本书》的作者莫提默·J·艾德勒称之为主题阅读，即要找到涉及相关主题的书抽取需要的内容，汲取其可能用上的营养成分。

阅读目的明确

主题阅读的目的很明确，即要解决某个问题或搜集关于某一主题的各种主张。主题阅读的内容不一定都用，但至少知道在这一领域中都有哪些不同的派别，每个派别的基本假设、核心主张是什么，代表人物是谁，还有哪些实践性很强的著作，这些人做了什么样的实践，市面上有哪些相似的课程，这些课程基于什么理论，课程受众是谁，解决什么问题。任何一个领域，要把以上这个问题大概搞清楚，我的经验是，不阅读三四十本书是不行的。

比如我曾经做过"态度类的问题该如何教"的主题阅读，就读过40本书，涉及教学设计类、认知心理学、教育心理学、普通心理学、社会心理学等多个领域，快速寻找这些书中的相关论述，一本书能收集到几个好观点就不错了，对人有启发的观点就更少了。去年开发《幸福在哪里》的课程，我们又做了关于幸福的主题阅读，涵盖了积极心理学、心理资本等一系列跟幸福有关的书籍三四十本，每一本未必全部读完，至少了解其核心观点，每个观点未必都能体现到课程中，但了解这些观点对从容应对课堂上的各类提问很有帮助。

提高阅读速度

有人说："我一年能读几本书，开发一门课就要读这么多本书，哪儿读得完呀？"的确，课程开发者要会读书。我给加盟用友大学的新同事首先推荐的一本书叫做《如何阅读一本书》，作者莫提默·J·艾德勒曾经是《大英百科全书》的编辑指导，此书问世六十余年，影响了几代人。我大概在 5 年前机缘巧合看了这本书，看完收获巨大，对我最直接的影响就是看书的速度至少提高了一倍。

假如你需要一个月才能读完一本书，总是读读停停，很快就没有成就感了，中途放弃的概率很大。大部分二三百页的书，我通常花 2~4 小时一口气读完，北京飞西安的飞机上我就能读完一本书。为什么能有这样的效率呢？一般人读书是逐字逐句地读，甚至还时不时目光扫回去重读，这样非常浪费时间和精力。莫提默提倡检视阅读：隔一个词读一个词，隔一行读一行，偶尔隔一句读一句，遇到曾经看过的观点甚至整页翻过。这样读完一本书需要花的时间应该是逐字逐句读的八分之一，但获取的信息可绝不止八分之一，至少一半。读多了就会发现，并不是所有字包含的信息量是一样的，一般段首、段尾，页首、页尾比较重要，核心观点前面都有"认为"、"所以"、"总之"之类的词语提示。读出感觉了，书上的重要信息就自己跳出来往你眼里钻，所以叫检视阅读。这样读书很有成就感，很快就翻了三分之一，快速进展对自己是一个激励，再一口气下去，就三分之二了，这叫利用进展原理，剩下三分之一也就很轻松读完。

我在读书的时候，遇到关键信息立刻标记下来，有的还加上自己的感悟，并折页标识。如果匆匆读完，觉得这本书实在是太好了，可以回来读第二遍。看完一本书后，把书合上，过一遍电影，或者重点回顾曾经标记过和折角内容。我还经常把重点信息和页码写在书末的那张空白纸上，以备后用。如果讲课要用上某本书的观点，要快速提取，只看折角和最后一页就够了。

这种方法固然不如逐字逐句读得仔细，难免有信息遗漏，但是投入产出比高，投入八分之一的时间获取半数以上的信息。更何况很多书的核心观点本来就不多，作者通常反复强调，也许你漏掉的正是作者反复重复的那些内容。

析取知识点

赵周最近写了一本书，名字叫《这样读书就够了》，提出了RIA的主张：R指阅读；I指引导，也可以解读为理解；A指应用。这本书试图在解决一个问题，即从读书到应用的问题，因为只有行为变化发生才是学习发生了的表征，所以光读书还远远不够，还要跟自己的经历结合起来，建构属于自己的观点，然后制定引用计划。

老子讲"多则惑"，书读多了新的问题又来了，不同人的观点主张都挤进我们的大脑中，大脑被多种思想装满了，横七竖八的，有的甚至还互相矛盾。易卜生说："读一个人的书就轻易信了他，那么你的大脑就成了他的思想的跑马场。"鲁迅又反驳说："如果你信了易卜生这句话，你的大脑岂不又成了易卜生思想的跑马场。"所以，书读得多了不会偏信，但同时也有"带了多块表，反倒不知道几点了"的困扰。

主题阅读中，可以尝试把一本书中的核心观点做成即时贴，写下观点、论据、案例等简单的索引，以备可能的应用。假如主题阅读二十本书，这样的即时贴应该可以整理收集七八十个。

2. SCORE 法则：实践案例的采撷

阅读对开发课程来讲很重要，但是不足够。要开发出紧贴企业真实且好的精品课程，除了阅读一些相关的书籍资料之外，本企业业务最佳实践的挖掘和提炼非常必须和重要。前面介绍过一些 BEI 访谈等常用的调研方法。建构主义教学非常讲究给学员情境，好的情境要和学员的工作生活息息相关，又能提出足以吸引学员注意力的问题，激活学员原有的知识和经验来应对这些问题，讲师再引导学员在情境中逐渐归纳论证出要讲的道理，最终建构完成自身的认知。

结构化采集案例的 SCORE 法

下面介绍一个我自己总结的搜集最佳实践案例的结构化方法，也可以简单地看做结构化编写故事的方法，我总结为 SCORE 法则。

S 是背景（Situation），故事都有一个基本的背景，任何管理理念、方法或工具都有其适应的范围，背景就是要描述这些范围，描述背景也是为故事中隐含的道理埋下伏笔。学员一般是用右脑接收背景信息的，讲师介绍背景的时候学员会在自己的大脑里建构类似的情境，所以背景描述力求全面而简洁。全面是指相关信息都要交代到位，简洁就是要用尽可能简短的描述，以便学员建构情境。

C 是冲突（Confliction），好的情境一定要把学员带到某种冲突之中，没有冲突的平铺直叙不会对学员旧有的信念系统形成冲击，冲突的目的就是让学员产生认知不和谐——老革命遇到新问题了。通常在冲突的描述上可以很细节也很感性，细节就是要启动学员右脑接受，感性就是逼真地刻画当事人当时的态度。好的冲突描述能够让学员产生移情，把案例中角色的烦恼当成自己的烦恼。

O 是可能的选项（Option），凡事都有三个以上的解决方案，所以在特定的背景和冲突下，案例的主人翁可以有很多选择，当然不作为也是一种选择。讲故事的时候既可以对比分析几种选择，也可以直接描述主人翁的选择。选择的背后是价值观，弘扬企业核心价值观的正面故事通常是讲，在两难的关头，主人翁选择了跟企业价值观相吻合的做法，最后取得了很好的结果。反面教材则通常是讲主人翁的选择跟企业价值观背道而驰，结果取得很负面的效果。在这个环节还可以描述主人翁选择以后所做的努力、克服困难等。

R 是结果（Result），故事总会有一个结局，结局是选择和努力共同作用的结果，而结果是选择正确与否的明证。当然最终结果的描述也可以很感性，因为故事需要结果来强化选择的重要性和价值观的重要性。

E 是评价（Evaluation），对整个故事进行评价，总结出故事背后所隐含的道理。当然在授课中,这一步通常由学员自己来挖掘,但讲师备课不能没有底牌。评价紧扣主题,与单元的知识点相互呼应。

中国古人一直很崇尚用讲故事的方式来刻画人物、阐释事理,所谓微言大义的春秋笔法就是指从故事小处刻画,道理可往大处拓展。我们可以用一个尽人皆知的故事先验证一下。

> 森林里住着一只狐狸。
>
> 有一天,狐狸来到了一片大草原上,发现了一棵葡萄藤。葡萄藤上结满了一串串晶莹透亮、香气扑鼻的葡萄。它想:这葡萄一定又甜又好吃!它看着葡萄,舌头舔着嘴巴,直流口水。
>
> 狐狸想吃葡萄,它急忙伸手去抓。可是,藤太高了,够不着。于是,狐狸用尽力气,跳了上去用手抓,还是没够着,只抓下了几片叶子。它想:我要是能像猫一样会爬藤就好了。狐狸又试了好几次,还是没够着。旁边的小兔啦、小鹿啦……都笑狐狸是个傻瓜。
>
> 狐狸累得汗流浃背,喘着粗气说:"这葡萄还没熟,一定很酸!一定是不好吃的。"说着它垂头丧气地回家了。它边走边回头看一眼它心爱的葡萄,心里是酸酸的。它边走边自己安慰自己说:"这葡萄没有熟,肯定是酸的。"

这就是说,有些人能力小,做不成事,就借口说时机未成熟。

这个故事可以结构化地记录:

S 背景:狐狸、草原、葡萄,流口水,想吃葡萄

C 冲突:藤太高,够不着

O 选择:用尽力气跳,爬藤

R 结果:葡萄是酸的,垂头丧气回家

E 评论:失败,找借口

教学五要素也可灵活排列

掌握了上述结构化采集故事的方法之后,一个最直接的好处就是:有人讲故事的时候我立刻在一张纸上写上五个字母,把讲述人讲述的主要内容分门别类地填写在五个字母下面,事后很容易借此记录复原故事。多次记录后就会发现,人们讲故事并不是严格地按照 SCORE 的顺序讲的,有的用悬念法讲冲突,有的用倒叙法先讲结果,有的则采用金字塔原理,先做评价,抛出论点,再从头道来……总之,在现实中五要素可任意组合。下面这个简短的故事就不是按照 SCORE 的顺序描述的,而是为了抖包袱的需要把 O 放在了最后。

> 有个小兔子去钓鱼，第一天，钓鱼竿都没有动，兔子失望而归。第二天依然如此，兔子还是没有钓到一条鱼。第三天，这只小兔子刚把钓鱼竿放下手，从河里面跳起来一条鱼，对兔子大声骂道："愚蠢的兔子，明天再用胡萝卜来钓鱼，我一巴掌拍死你。"

这个故事的五要素是这样排列的：

S 背景：小兔子、钓鱼、三天

E 结果：没钓到

C 冲突：兔子被大骂

O 选择：用胡萝卜做鱼饵

E 评价：自己喜欢的方式未必是别人也喜欢的方式

故事可以结构化描述，但讲的时候却可以选择能够引人入胜的方式来陈述。有一些故事会有多次选择，多个结果，不同的选择所得到的结果不同，甚至是"冲突-选择-结果-再冲突-再选择-再结果"的循环。

在培训调研过程中，我特别喜欢用这个结构化的工具收集真实的业务实践故事，不管讲述者如何讲述、从哪里开始，我就只在纸上写五个字母，听故事的过程中顺便从讲述者的表达中搜索每一句话的关键字，并将其分门别类地放在五个字母下面。通常用 30 至 50

个字就能记录下来一个完整的故事，而且根据这些线索能够快速复述。

我的经验是，调研过程中尽量不要直接问当事人工作中遇到了什么挑战、有什么困难、需要提升什么能力之类的问题，当事人在这类问题的回答过程中必然掺杂着自己的看法和演绎，讲述的都是当事人自己认为的道理，未必是事实真相。较好的策略是让当事人描述他经历过的真实情境，把真实情境用 SCORE 结构描述出来，这些故事很真实、很鲜活，不少可以稍作改编直接用于课程中的案例。

给思想找个寓所

故事是最好的传授思想的方式，我们熟知的《圣经》、《佛经》、《庄子》、《孟子》等诸多经典著作都是用故事贯穿始终，都采用了一个最基本技巧就是寓理于情。把要讲的道理埋藏于情境之中，让读者从情境中品味出其中的道理来。学员会接受自己品味出来的道理，而排斥别人灌输给他的道理。

我们看《论语》和《道德经》，看到的都是圣贤所讲的大道理，所以感觉枯燥。而圣贤之所以能总结出这些大道理，乃是因为他们有过真实的生活经历，而后人读这些书却不甚了解圣人们的生活经历，所以就不太容易理解其中的道理，因为道理是结论，经历是论据。课程开发过程就是要把道理埋藏在情境中，叫做寓理于情，授课过程就是让学员从情境中品味出道理，叫做情中抽理。

比如，我们 2012 年开发的《创造客户价值》这门课，其中要讲到"只有设身处地为客户着想,才可能创造性地发掘出双赢的方案"这样一个思想。很显然,宣贯式讲述,这真是一句大道理,所以要找到能够寓理于情的恰当的故事来隐喻这个道理,我们用SCORE法做了大量的案例收集,就选择了下面这样一个小故事。

> 小刘是一位销售经理,他最近一直在跟进一家县级卫生院的结算系统的项目。小刘与这家卫生院的有关人员交流得很好,客户也认可小刘的方案,但是客户还是不能购买。因为卫生院购买结算系统的预算需要省卫生厅划拨,而省卫生厅明文要求所有下属单位的结算软件都要统一购买一家叫凡龙的公司的系统。据说凡龙公司跟省卫生厅有很深的关系。
>
> 小刘尝试好多次与卫生厅的有关人员沟通都不顺畅。
>
> 小刘开始思考,既然问题出在了资金上,如果能够解决资金问题,是不是就可以了呢?哪些单位能够和卫生院的资金发生关系呢?小刘想到了银行。小刘找到了当地的地方银行,说服该银行给卫生院出资买结算系统,条件是将卫生院的医药费结算账户设在这家银行。
>
> 这样,卫生院就不需要向省厅申报,也就不受省厅的限制了。卫生院和银行对这个合作方案都感到很满意。

从这个故事中,我们可以萃取出 SCORE 的要素。

S 背景:客户很认同方案、需经上级单位审批

C 冲突:上级单位不划拨预算,没钱购买

O 选择:游说银行出资,卫生院在银行开设账户

R 结果:三方都满意

E 评论:为客户着想,创新找多赢

课堂上还可以让学员分享自己的故事,课后老师同样可以用 SCORE 方法把学员的故事结构化地记录下来。课上多了,就有机会从课堂上淘更鲜活更精彩的故事替代原来的故事。

3. 回眸反顾:紧盯目标不放松

我们经常走得太快,以至于灵魂都跟不上了;走得太远,以至于忘了为什么出发。老子说:"大曰逝,逝曰远,远曰反。"凡事发展大了,就会离原本的出发点远,远到一定程度,就要返回原点,这就是"道"的运行规律:"独立而不改,周行而不殆。"

> 芭蕾舞演员可以做到就地转几十个圈再泰然自若地站到原处,我们常人连续转几个圈就感觉头晕。芭蕾舞演员转圈的一个秘诀是:在场内确定一个固定的目标,眼睛始终盯着这个固定的目标,直到转身时视线不得不暂时脱离目标,但是,一转身回来就第一时间再找到目标,紧盯不

放。这样，演员才能在快速旋转运动中始终找到一个不动的参照物，从而准确判断自己的位置。

课程开发者比较容易犯的两个错误：一是对象分裂，二是目标漂移。课程内容如果过分蔓延的话，开发者比较容易犯的错误是：忘记了课程的学员对象和目标，而以课程开发者自己的视觉和价值观判断内容的取舍，这样的课程会把学员搞成"精神分裂"。所以，课程开发者始终不能忘记课程的对象和目标，否则很可能陷入角色混乱、逻辑混乱、内容错乱的状态。尽管这个道理非常浅显，但是实践中陷入目标和角色混乱这个泥潭的例子俯拾即是。

有一次我参与一门"服务经营"课程的评审，开发者的 PPT 非常漂亮，看得出下了很大的功夫，第一部分讲服务经营的重要性。先讲了迈克尔·波特五力模型和价值链理论，阐释服务经营在企业竞争和战略中的重要性；接下来讲经营的本质是要与客户维持一种信任，转而讲信任的重要性；下一部分又讲服务收入占总收入的比重，论述稳定的服务收入是企业稳定发展的基础……每一页都有详细的数据和引述，看上去非常完美，开发者讲得眉飞色舞。

我突然问了一个问题："请问，这个课程是给什么人讲？"

开发者："全国的服务工程师呀。"

我说:"你的第一页是讲企业战略的,适合的对象应该是大老板,给服务工程师讲要补多少课他们才能听懂?对学员有什么价值?他们会问'与我何干'呢。第二部分中信任的重要性似乎是一个谁都懂的常识,何苦要讲呢?第三部分又从经营收入结构上看这个问题,似乎是管理会计的内容,至少也应该是中高层关心的事情吧?这些内容都很好,但讲给这些干活的人是不是不合适?"

开发者显然有点着急:"难道波特的战略理论不精辟吗?难道信任在经营过程中不重要吗?难道服务经营的目的不是提高服务收入在公司业绩中的比重吗?"

我说:"所有的知识都有价值,但给小学生讲量子力学就不一定合适。"

今天我们有太多的课程是"精神分裂"的,第一页貌似是给总经理讲的,第二页又好像是给普通职员讲的,第三页则适合管理人员听……开发者只不过是把一堆本质上风马牛不相及又貌似有某种联系的PPT纠集在一个文件中而已,连受众的对象都是错乱的,更别谈逻辑了。

常见的问题是,一开始目标和对象还算清晰,做了很多主题阅读、素材收集之后,目标被琳琅满目的素材淹没了。一位讲师开发一门课程,一开始感觉没什么可讲,后来读了几十本书之后搜集到很多很好的素材,于是陷入"多则惑"的困局中,这一段很精彩,那一段也很深刻,每一段都舍不得删。我让他回到课程的对象和目标上去,他说:"我也感觉到这段内容跟课程主题思想不完全吻合,但实在是太好了,课堂上一定会很出彩。"开发者经常因为某段素材太好了,不放进去可惜了,而忽视了课程的目标。这时就要质问:课程的目标是什么?究竟想赋予学员什么能力?适合的才是最好的,再好的内容跟培训的目标相关性不大也是白搭。

目标太容易被素材淹没了,所以要不断强化,时时反思。为此,我曾经分享过一个偏方:课程开发的时候,开发者可以在桌案旁边放一个小玩偶,假设它就是课程受众的代表,开发者边开发边跟小玩偶对话,以确保课程所讲的内容是学员需要的、能听懂的。

四、工艺设计的创新实践

如果把内容比做课程原料的话,那么形式、逻辑和过程的设计则等同于课程的工艺设计。

> 对教育工作者而言,我们的任务不是创造什么思想和理论,而是把已有的思想理论、方法工具演绎好,让学员容易掌握。

下面分别分享一下课堂中的形式创新、逻辑梳理和过程编排的实践方法。

1. 逻辑梳理有诀窍

课程开发中梳理逻辑是一个很伤脑筋的问题，主题阅读越多、案例调研越丰富，逻辑梳理的困难越大。逻辑梳理之前很有必要再次回顾课程的目标，首先要干的事情是把所有跟课程目标联系不紧密的内容删减掉，尤其要坚决剥离那些明显不符合课程目标和学员诉求，却非常有道理或能出彩的素材，因为只有最合适的才是最好的。放弃是需要原则和勇气的。

筛选那些与课程目标联系紧密的知识、观点、技能，最好能够一条一条写到即时贴上，我笼统称为素材。即时贴最大的好处是便于移动，这就为我们分类提供了方便。接下来可以做的动作是搓堆：把相关的、相似的即时贴归为一类，先按照某种线索把它们码成堆儿，茄子一畦，豇豆一畦。通常分 5~7 类比较合适。这个过程很像行动学习的团队共创，要说明的是，有一些实在分不清类的内容可以暂时放一放，不要奢望一门课把所有的知识、观点都放进去。梳理逻辑的过程本来就是收敛的过程，我的观点是宁缺毋滥。

大类分完之后，我们再关注每个小类里的素材。通常每个小类里有 5~10 个素材，可以试图洞察这些素材内部的逻辑，既然都是根据某种线索归为一类的，那么每个素材跟线索的关系又是什么？通常，可以尝试普适的逻辑来梳理或验证，比如 why-what-how、事先-事中-事后、起承转合、前后左右、四象限等。中国的五行也是一个普遍逻辑，我非常喜欢用，而且很惊奇地发现很多东西最开始分类是盲目的，最后一梳理，自然而然地就符合五行分类。

前文中讲到五种基本的逻辑：顺序逻辑、分类逻辑、关系逻辑、线索逻辑和结构逻辑。在分类逻辑中，最好满足"MECE"法则，即不重复，不遗漏。什么叫不重复、不遗漏？比如人可以分为男人和女人，就是 MECE 的；如果有人说可分成女人和老年人，那就有遗漏，也有交叉重复。分类从混沌走向有序的基本功，课程开发者应该掌握。

小类逐一理顺之后，再回到大类的逻辑梳理，把大类再按照某种逻辑关系梳理出来。退一万步讲，大类之间没有明显的逻辑也不是什么大不了的事情，课程干脆就围绕"某某人员的几项基本技能"展开，这几项技能之间有逻辑最好，没有逻辑也没什么错。对学员来讲，实用比逻辑重要，对课程设计者来讲，逻辑似乎又排在实用的前面，所以经常为了逻辑上的融洽还不得不添加一些内容进来，梳理逻辑过程中可能不得已删除一些素材，也可能不得已加入一些素材。

大的逻辑框架形成后，课程将会自然按照"知识块"或逻辑小类别分成若干个教学单元，每个教学单元可以由不同的课程完成。

还要特别指出一点，就是设计者要有强烈的意识去特别发现那些能够一以贯之的微逻辑。就像人体，虽然内有五脏六腑，外有躯体四肢，这些都是大逻辑，但组成它们的每一个细胞内部都有一样的 DNA 结构，DNA 就是生物体内一以贯之的微逻辑，可以作为模型。花椒树上的枝叶花果都是麻的，桂树的枝叶花果都透着桂香，花椒、桂树的浑身上下都展示着自己独特的逻辑。

我还发现，能够作为模型的通常是一个课程的核心流程或核心要素。比如 MOT 中的 EOAC（探索、提议、行动、确认）就是核心流程；比如项目管理沙盘模拟中，项目经理每做一个决策，都会影响项目的三个关键要素（进度、成本和质量），这三个关键要素就是评价项目的核心要素；再如高效能人士的七个习惯课程中，就提出了一个 See-Do-Get 的微循环模型；全面质量管理中就贯穿着 PDCA 的持续改进模型。有微逻辑的课程就像有 DNA 的生命一样，有很强的内聚力和说服力。

2．形式创新无极限

形式创新可以借用一句广告语来形容：没有最好，只有更好。当内容确定下来之后，课程开发小组可以根据内容的特点团队共创教学形式。分析每个教学单元的教学目标、能力类型和学员精力状况来确定教学形式，如"讲授"、"分组讨论"、"角色演练"、"情境模拟"、"学员作业"等。态度、技能、知识的教学方法和策略完全不同，设计者要根据能力类别设计合适的教学方式。

态度的教学最好是情境，把要讲的道理蕴藏在情境之中，然后提出问题，制造学员的认知不和谐，引发学员讨论，激活其旧知、营造社会协商氛围、促进学员反思、引导学员达成共识，最后让学员自己呈现，讲师再做适当点评。通过这一系列"折腾"，把思想的所有权转移成学员自己的。

技能的教学则强调反复练习和强化，讲师要示范、分解，学员要模仿、练习，讲师和其他同学给予及时恰当的反馈和纠正，学员通过再练习而达到初步掌握的目的，课堂上要完成"学"和"习"的接轨。某种意义上讲，多数的技能都很难达到课堂上完全掌握，课堂上要使学员产生在工作中使用所学的冲动。最终技能被掌握的标志是达到隐形记忆和肌肉反应，学员几乎不用大脑意识参与，而是潜意识自动完成。很多运动技能都靠运动员本能反应完成某个动作，比如乒乓球球员可能自己还没完全反应过来就把一个很难处理的球回了过去。

至于知识的教学，重心要放在能让学员成功"提取"上面。课程设计中强调对知识进行归纳分类、为知识捆绑多条线索、替学员精加工等，教学过程中更强调不断重复、调动左右脑参与。传统的考试是检验学员是否掌握知识的好办法。

以上是态度、技能、知识教学的大原则，具体到实践中，我们会发现：态度、技能和知识经常组合成一个有机体，学员完成某项任务往往三者都很需要，不宜强分，但不同教学单元也确实应有侧重。譬如医生动手术确实是以技能为主的任务，但一个成功的手术背后离不开态度，比如对生命的敬畏、对自己医术的自信、克服害怕心理；也离不开知识，如对身体的各个器官、不同组织的识别等。

形式永远为内容服务，脱离了内容的形式就是形式主义害死人。具体到某一个教学单元采用什么样的教学方式，选择的余地经常很大，最不济还有一条路就是干巴巴地讲。所有比干巴巴讲述进步一点点的新形式，都可谓是形式创新。

我们常用的方法是：教学设计小组形成一个微行动学习小组，头脑风暴某一单元的教学设计，有人创意说可以做一个游戏、有人则提议播放某段电影视频、有人提议发动学员讲自己的故事……可以提出很多种教学形式设计方案。方案可以有很多，对方案的评价却要有统一的标准，这个标准就是前面介绍过的五个维度：激发、冲击、参与、启发、印记。用五个维度一卡，很快就能筛选出暂时能想到的最优教学形式。

没有最好，只有更好。老师在教学过程中可以继续收集和揣摩更好的教学形式，用更好的游戏替代当前的游戏、用更好的故事替代当前的故事，形式创新无极限。

3. 过程编排靠试讲

逻辑和形式有了大概的模样之后，课程开发者也许会有胸有成竹的感觉，就可以估算出每个单元大概的教学时间，然后尝试按照教学单元的逻辑顺序进行过程编排，原则上每一个教学单元都要尽可能五星化。

过程编排中要充分考虑到心电图和五星教学的收放策略。逻辑分主次，主次轻重一分则课程的层次感就出来了；过程有收放，文武之道一张一弛，收放有节，课程的节奏感就出来了。

我认为，试讲是最好的过程编排方法，就像戏剧的彩排一样，先不用讲什么道理，先彩排一下让大家体验。有经验的讲师试讲一遍后，就能提出很多过程优化的建议。我们就会发现，如果按照课程原来的逻辑和形式进行，很有可能出现这样的局面：有些很重要的内容却要排到下午学员最困的时候进行，而早晚学员精力充沛的时间却被安排成做互动游戏。于是，设计者就不得不进行调整，要返回来看主逻辑有没有调整的余地、某单元的表现形式有没有改变的余地、教学单元间或内部有没有调整的余地，必要时，甚至要考虑是否再删减一些内容或重新选取素材。

再往深研究，就会发现，目标、内容、形式、逻辑、过程这五个课程开发的"五行"之间存在着生克制化的关系，非常神奇的。课程设计过程犹如杂技演员头顶上顶盘子，每加上去一个盘子都会影响整摞盘子的受力结构。课程开发的"五行"是相互影响的：目标决定内容，内容决定形式，多单元不同形式串起来就是逻辑，逻辑形成，过程自然形成，这是五行相生的过程，也是课程自然形成的过程。

但这个过程的发展形成中，又要相互限制，使得前后一致，逻辑会返回来限制目标，过程会限制内容的发挥，目标会限制形式，内容会限制逻辑，形式会限制过程。于是在五行的生克制化反复调整，最后达到五行之间的生克制化均衡，才能形成一门课程。开发者可以通过不断的自我提问来检验这五要素之间的逻辑自洽性：

- 从目标延展出来的内容是否足以达成目标？内容蔓延会不会淹没目标？
- 目标和表现形式是否一致？形式会不会喧宾夺主地偏离目标？
- 目标实现的逻辑是否通畅？逻辑是不是有效支撑目标的实现？
- 目标能否在教学过程中渐次实现？过程进展是否逼近目标？
- 内容和表现形式是否协调一致？形式是否"寓理于情"，让学员恰能品味到内容？
- 内容是否在逻辑框架范围内？内容蔓延是否会淹没逻辑？逻辑是否会扼杀内容？
- 内容是否会冲击过程编排？过程编排是否会影响学员对内容的吸收？
- 形式的展示能否逐渐显现出逻辑？逻辑对形式的演绎有促进还是有束缚？
- 形式的展示与整个课程过程节奏是否合拍？过程的编排是否

形式多样？

- 逻辑是否能在一个师生互动的过程中得以表达？过程是否按照逻辑顺序展开？

以上所有问题，我都是遵循五行生克制化的关系提出来的，五行思维最厉害之处在于，一旦完成定义，就可以明确五要素之间的生克制化关系，因而也能循生克制化之理提出有质量的问题。这里面的道理很深，不再赘述。

教学是一个实践性很强的工作，好课程犹如好的玉器，是需要花工夫精雕细琢的，需要一点一点慢慢打磨，边讲边改，边改边讲，就像曹雪芹写《红楼梦》一样，批阅五次，增删十载，最后才能成为传世精品。所以，对课程调整、升级的最佳时机就是每次上完课之后，根据上课过程的感觉——学员对内容的掌握情况、学员参与情况、过程是否科学合理等进行修改。

五、效果评估与持续改进

> 在加涅的 ADDIE 模型中，评估实际上是被放在中心枢纽的位置，可以说评估贯穿课程开发始终，每个环节都要评估。

就像曾子每日三省吾身一样，我们只有反复评估才能确保我们不会偏离目标太远，才有机会随时纠偏。导弹系统也是这个原理，就是一个"行动-比照-反馈-调整-再行动"的死循环，直到逼近目标。

1. 教学评估设计

我认为，当前企业内训的评估有一个不正确的倾向，那就是力图把培训效果体现在企业的 ROI（投资回报率）上。我想这是一种讨好企业董事长和总经理的做法，目的是换取企业最高领导者对培训工作的支持。虽然我很倡导做上接战略、下接绩效的培训，但我认为，培训工作者能努力的极限是确保培训的内容是跟战略接轨、紧贴业务需要的。课程开发求专业、出精品，授课过程做到让学员从概念中获得直接体验，力求做到"学"和"习"的结合，这些都做到了就可谓上接战略、下接绩效了。至于对 ROI 有多大贡献，我倒觉得中间因素太多、干扰太多，甚至有方向性错误的嫌疑。

为什么这么说？因为培训是作用在人身上的，培训的效果顶多能衡量出受训者本人行为的变化，尽管企业经营的绩效中确实有人的能力提升所做出的贡献，企业经营绩效却不能显现培训效果的全部，因为人一点改变很有可能是终生性的改变。

比如某足球运动员在世界杯决赛赛场上攻入决胜的一球，为他们国家赢得了世界杯冠军的荣誉。而他运球的基本功是在小学的体育课堂上学会的，请问这堂体育课的投入产出比（ROI）有多大？假如主教练没派他上场，情况又如何？假如他不是在这个赛场上进球，而在别的赛场上进球情况又如何？假如他攻进一球却只是缩小与对手的比分，情况又如何？假如他的球员生涯能到 37 岁，情况又如何？假如他过早因伤退役，情况又如何？举这个例子意在说明一点：培训是作用在人身上的，能够显现的效果就是人的思想和行为的变化，如果继而考量人的变化对组织乃至国家绩效的贡献，就有点穿凿附会，很难服人。

三元评估很务实

所以，评估还是应该回到考察人的行为变化上来。程颐说："今人不会读书，如读《论语》，未读时是此等人，读了后又只是此等人，便是不曾读。"何止读书，培训也一样，未培训是此等人，培训后又只是此等人，便如不曾培训。

教育心理学家斯滕伯格总结出比较实用的三元智能理论，比起加德纳的多元智能理论来讲，斯滕伯格的理论比较符合我一向崇尚的简单、有效、好复制的审美观。

斯滕伯格认为智能分为三种能力：分析力、创造力和实践力，三元智能理论是就智能本身而分类的。同样的道理，我认为学员参与具体的一堂课、一次学习所获得的智能也可以用这三元智能来衡量，具体来说：分析力是指人们能运用所学知识，对客观事物的内在机理进行解释和分析，能够利用所学洞察到现象背后的本质；创造力是指利用所学知识，结合工作生活中的实际情况和自己已有的经验，能够做出什么创新，创造出新的事物；实践力就是人们利用所学知识能够在实践中解决什么具体的问题，完成什么具体的任务。

这样，斯滕伯格的三元智能理论就能用到教学评估上。比如我上了一堂"建构主义教学思想"的课，考察学员在这堂课上所获得的智能提升：分析力就体现在学员对建构主义和认知主义的比较分析，识别某堂课是不是建构主义的，归纳、总结、分析、评价都可以算做分析力的表现，分析力体现在学员对事物本身的分析和评价上，即培训提升了学员认识世界的能力。创造力则要体现在学员能用建构主义的思想创造性地开发或改造一门课程，使课堂比传统的授受方式有所提高，创造力是学员运用所学改造世界的能力。实践力就要考察学员能够运用建构主义思想解决什么样的具体问题，取得了怎么样的效果，要求学员能够融会贯通，更灵活地进行知识迁移，实践则更强调学员运用所学适应环境、处理问题的能力。

三种能力的评价也很容易操作，每个学员自己都可以列举自己在三个方面所获得的进展。

ASK 进阶路径

为什么说布卢姆提出教学目标分类理论是划时代的进步，不仅是因为这个理论让人们懂得区分不同的能力，根据人们获取不同能力的认知过程的不同而采取不同的教学策略。更重要的是，这个理论还为不同能力的教学效果评估提供了基础和依据。在布卢姆去世之后，很多人在布卢姆的基础上做了进一步的发展和修订，盛群力老师在《21世纪教育目标新分类》一书中详细地列举了这些发展的成果，我本人比较喜欢豪恩斯坦的发展和总结（见图13）。

豪恩斯坦总结出学习后学员行为的整合表现可以分为五个阶梯，分别是习得、同化、适应、表现和抱负。而具体到技能，又分为知觉、模仿、生成、外化，最后达到精熟的程度。具体到知识则是先形成概念，再理解、领会，再有意识地应用，再运用知识对事物进行评价，最后达到综合运用。具体到态度也分五级，前面介绍过，分别是接受、反应、价值化、信奉、性格化。

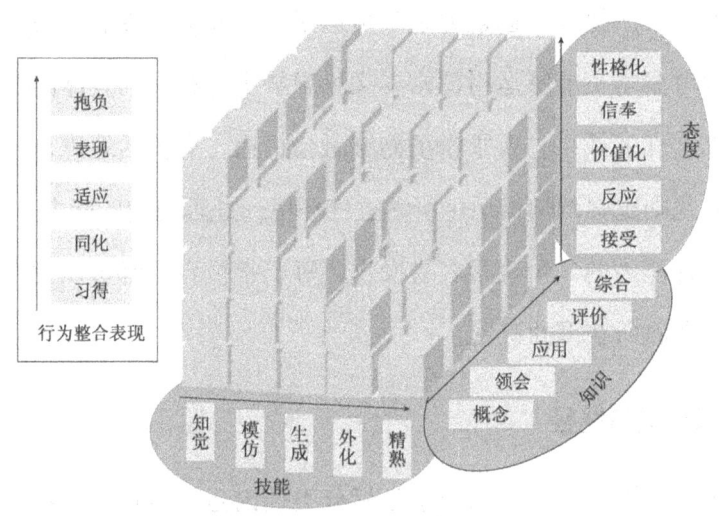

图13　豪恩斯坦的学院行为整合表现

建构主义更加崇尚通过学员课堂表现来评估学习效果，学习效果当堂就能体现出来，学员的发言就能表露出他建构的情况。比如学员能够结合自己的工作实际谈感悟、启发，就能窥测到他对所学内容的掌握情况；又如让学员分组汇报，其他学员"拍砖"，小组汇报时就展示了他们对所学内容的理解和应用，反映的是他们小组对所学内容的建构情况，而"拍砖"的同学也必然依据课堂所学对汇报小组的成果进行评价，同样也表露出他们的建构。组织学员汇报和相互"拍砖"是一个很好的意义协商的过程，非常有价值。

2．课程的持续改进

持续改进这个概念是戴明博士提出的，他提出每天提高百分之一的号召，每天提高百分之一可是一个不得了的进步。课程的持续改进也非常重要，很多传世佳作，原本就是大师们多年讲课的讲稿。弗洛伊德的《梦的解析》就是由他的演讲稿整理来的；亚当·斯密的《国富论》也是基于他多年讲课的讲稿形成，冯友兰大师的《中国哲学史》是从他多年在国外授课的英文稿翻译而来的；曼昆的《经济学》也是他多年讲课的讲稿；迈尔斯的《心理学》已经再版了十三版之多，几乎每一两年就根据他的教学实践升级一个版本。

由此可见，把课程打磨成精品的捷径就是不断地上课，从实践中提高，从课堂上挖掘学员真正感兴趣的话题，并汲取鲜活的教学素材，与时俱进，并最终打磨成传世精品。如果有人想写一本经典的著作，我认为最好的途径是先开发一门课程，然后持续优化地讲上十年八年再说。东抄西袭是出不了经典著作的，闭门造车地搜肠刮肚也出不了经典作品。

阿吉里斯在他的《行动科学》一书扉页上写道："献给我们的学生，从他们那里，我们所学甚多。"我的医生朋友说："感谢那些病人，治病的过程也提高了我的医术。"我说过：老师和医生是一个相互成就的职业！医生治好了患者的病，患者也成就了医生的艺术和名声；老师教会了学生的同时，学生也帮助老师优化课程。

因此，80岁的老医生也要坚持临床，不临床他就容易找不到感觉。老师也是一个实践性极强的职业，再多的理论、再好的课程开发理念，不去上课也找不到感觉。我现在完全可以不再讲课，但不讲课就没有课堂的感觉，没有课堂的感觉心里就不踏实，所以我每年再忙也要亲自讲几十天课。好课程是打磨出来的，而且还要很认真很用心地上课，应付学生式的上课也发现不了课程的改进之处。

还有一个绝好的促进讲师个人成长和完善课程设计的手段，就是对每次上课都全程录像，事后讲师不断看自己讲课的录像。通过回放录像，不仅能观察出讲师授课存在的问题，还能看出课程设计的不足。我就是通过看自己授课的录像发现我的缺点的，那就是上课过程中老是摇头晃脑，给人不稳的感觉，后来就刻意改正，不断对自己心理暗示，再有就是索性多一些走动，走到学员中间去。

察觉课程设计的不足，最好的方式是看一段互动的录像，从中我们不仅能看出老师给情境、提问的恰当性，还可以发现学生通常不按课程设计者预想的道路走而拐弯的几个死胡同，下次授课就要针对这几个容易被绕进去的"死胡同"采取应对措施。我个人非常喜欢把有些"死胡同"在开场白阶段就做交代，算是打预防针。还是那句老话：建构主义的课堂就是拉风箱，课程设计得再好也只是完成授课工作量的一半，不在课堂上跟学员互动，有些缝隙就是弥合不好。

我甚至认为最适合的课程评审者不是专家，而是学员代表。学员代表的感受才是最真实的感受，有时候讲师认为自己讲授得清清楚楚时，学员却听得懵懵懂懂。我自己当课程评审专家时首先把自己假设成学员，试图站在学员的处境和角度去审视课程的内容，这样很容易发现设计中的问题。

3. 学员体验路径图

课堂的本质就是要给学员一个完美的精神体验，从而促进学员完成自己精神结构的更新。我们上课和看电影一样都属于精神消费，精神消费的结果就是一种体验。我敢断言，未来的课堂会越来越重视学员的体验。从学员体验的角度看课程开发，有一个很好用的工具可以推荐给大家，叫做课程的学员体验路径图。（见图14）

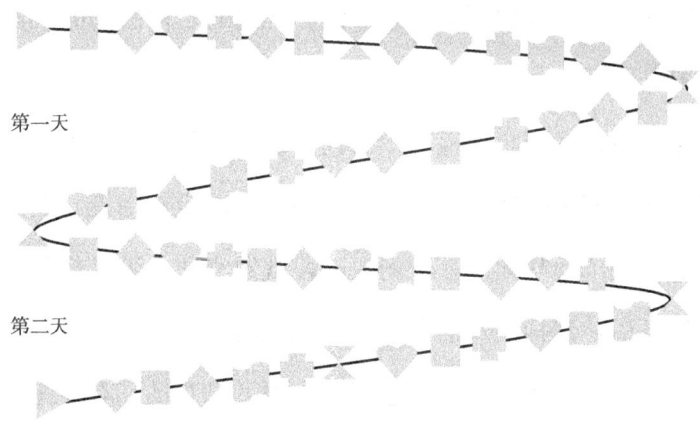

图 14 学员体验路径图

可以把课程的全部体验过程设计为一个路径，两天的课程就像要带领学员走完一条侧 M 形的路径，课程设计者可以把这个路径形象地画在一张大纸上。然后，把教学过程中不同形式的教学事件用不同形状的即时贴代替，贴在这张路径图上。比如方形代表讲师讲述，菱形代表学员作业，心形代表价值归纳总结，大十字星代表分组研讨……每个人都可以有一套自己的定义。每个即时贴上都可以用文字注明具体的教学过程。这样，就能方便地把一个教学过程视觉化地呈现出来。

即时贴最大的好处就是能够灵活移动和替换，这就为课程的持续优化带来巨大的方便。这张学员体验路径图有两大基本的作用。第一，帮助讲师备课，讲师讲课前可以看着这张图在自己的大脑里彩排课程的全部过程。第二，帮助讲师持续优化课程，每次讲完课之后，讲师都可以根据本次讲课的经历对这张路径图进行优化，如替换某个案例、调整某单元的体验顺序、修改某单元的知识要点、修改某一个问题的提问方式等。

教学是一个实践性极强的工作，好的课堂效果永远是师生合作的结果，老师最多只能事先设计课堂效果的一半，剩下的一半一定要根据课堂上跟学员互动的实际效果来持续优化，这样会让课程更加符合学员认知的过程，更具效率。

曾有人问我为什么要这么重视课程的持续改进。我解释说：生命是由时间堆积而成的，学员愿意花两天时间来学习，实际上是把自己生命中宝贵的两天时间交给老师，老师一定要对课堂的时间有敬畏之心，认真对待课堂上的每一分钟，课堂上一分钟的无效教学就等于浪费了几十分钟的生命。教学设计的根本目的是为了提高人类学习的效率和效果，要在单位时间里达到最好的认知效果，就要认真对待每一分钟，精心设计每一段体验，让人们在最真切的体验中受到启发和强化，继而引发学员由内而外的改变。

第五章

跳出课程开发看课程开发

课程不等于能力,好课程是学员能力提升的必要,但绝不是全部。课程是临时性的、短暂的过程,而人的学习是终生的、长期的。

一、面向业务问题的敏捷开发

前文讲过，精品课程的开发是要下大功夫的，且需要长时间的打磨，而在企业里经常遇到的情境是战略很需要、业务很着急、能力急需提升的"等米下锅"状态。如果按照精品课程的标准把课程打磨出来，黄花菜都凉了。这就逼着人思考一个问题：课程开发有没有捷径？敏捷开发是一个软件工程领域的名词，最近几年非常流行。我们也在想，课程是不是也能够敏捷开发？答案是肯定的。

培训的需求来自三个方面：组织战略转移引发能力需求、业务推进遇到挑战引发能力需求，以及人员能力本来就达不到组织岗位的要求。最后一种情况的课堂上传授的都是成熟的知识技能，有问题也有现成的答案，只要按照组织既定的课程体系上课就可以了。但前两种情况往往需要面对实际问题，属于有问题暂时还没有答案的"病构"问题，这类需求跟业务紧密相关、来得紧急又事关重大。解决这样的问题最好的方法是行动学习，GE、IBM 这样的世界级标杆企业，他们已经把行动学习用得滚瓜烂熟且无处不用，因此，他们最自信的是：尽管不知道明天将会遇到什么样的挑战，面对什么样的问题，但问题来了，我有解决这些问题的办法。也正因为有这些基础的方法技能的支撑，像 GE 和 IBM 的超大企业也能从容转身——大象也能跳舞，因为组织中的每一个细胞都掌握了同样的方法，使用了同样的语言。

我曾经说过，在建构主义基本信仰的基础上，对有问题没答案的"病构"问题，则采用行动学习的方式找答案、达共识。对有问题有答案的"良构"问题，采用精品课程和五星教学的结合的方式培训。

建构主义+精品课程+五星教学+行动学习=所向披靡

行动学习和精品课程是一阴一阳的两条基本线，阴阳交泰而万物化生，行动学习可以当做课程开发的手段，课程可以看做行动学习的成果整理。在这个方面我们做了大胆的尝试。

1. 有方向即可组织研讨

企业的实际运行情况往往是这样的：最高管理者大手一挥，整个企业要往某个方向转型，而从经营班子开始，大家对领导的战略意图就理解不一致，甚至各人还有各人的小算盘，所以顶层只能确立方向，却没有精力也没有能力做具体的执行细则设计。到了执行层当然就不知道该怎么办，一线工作人员就根据自己心目中理解的领导意图去摸索，好在实践出真知，摸索久了就会逐渐形成一套自己的经验。这样就有了同一战略意图下的不同流派，每个流派都有最佳实践。

领导的意图是天，一线的最佳实践是地，领导的意图也经常是考察了各地的实践得来的,叫做接地气,而最佳实践也经常被全面推广,就接上了天气。组织的变革永远是顶层设计和底层创新实践的两头凑。我一向认为底层实践的作用更大一些,因为底层更接近客户、更务实、更符合大多数人的利益需要。

我们国家的农村包产到户、新农村建设等政策都是先有了基层最佳实践,然后全国推广的,可以称之为农村包围城市,这样的模式符合最广大人民群众的利益,所以更有生命力。而房价调控、中小学生减负等政策则是先有顶层政策,再经各级政府逐级落实的,可称之为城市辐射农村,这种模式落实过程中难免遇到中央和地方利益冲突,执行层变相扭曲这样的尴尬。实践证明,农村包围城市,最后得到政府的认可和推广是有生命力的模式,而城市辐射农村则经常阻力重重,需要强有力的执行体系。

智慧都储藏在民间。所以,当最高管理层提出一个方向性的改变策略，或者业务开展过程中遇到意外的挑战和问题时，一个较好的选择就是把一线的骨干召集起来，就新的战略意图的落地或意外挑战的应对进行行动学习。即使一开始没有问题，也可以用行动学习先找到问题，搜集一线精英们在业务开展过程中遇到的真实问题。找对问题很关键，管理咨询界有一句话：只要找对问题，问题就解决了一半。

行动学习真是一个很容易迁移的方法工具，有人说我过分夸大行动学习的作用，在网上质问我："难道您真的相信有一种包治百病的药吗？"我回答说："美味佳肴就能治疗一切饿症。"就像沟通能化解误会，友善能化解恩怨一样，行动学习是一种方法技能，稍加改变就可以迁移，偏激一点我甚至愿意这样表达：面对组织遇到的问题和挑战，只有抵制这种方法的人，没有这种方法派不上用场的事。

GE克劳顿维尔的领导力开发项目经常是脱产两三周的培训，他们采用的方式就是把学员分成若干个小组，每个小组解决一个企业遇到的实际问题，过程中学员们可以自发组织调研、研讨和行动学习，最后形成的报告要通过相关评委的答辩，而且很多被采纳正式执行。我就在想，这些小组的成果也应该成为一门课程。如果行动学习项目小组的学习成果能够课程化，那就非常有利于学习项目的后续执行和推广。一个组织如果能够把设计、执行和培训拧成一股绳，组织运行的效率和质量将会大大提高。

2. 有问题即可开研讨班

接下了又要颠覆一个常规，即在没有课程的情况下，也可以开展培训，举办研讨班。查尔斯·汉迪说："只要对过去所经历的事情进行深入的反思，学习就发生了。"学习是一个很自然的事情，不一定只发生在课堂，课程也绝对不是课堂不可或缺的东西。只要有了意图方向，罗列出实际的问题，就可以召集一线的业务骨干开研讨班。

研讨班上只要抛出紧贴业务的针对性问题，就可以组织业务骨干们进行深入的探讨，可以是经验分享，可以是质疑批判，可以有正面案例，也可以有反面教材，可以彼此借鉴，也可以协商改进……总之，所谈话题只要是真实的，是来自业务实践的都是很可贵的素材。

我相信多数人跟我一样喜欢听来自业务一线的鲜活的故事，在这样的研讨班上，课程开发小组可以搜集到很多鲜活的业务故事，这些故事都可以用 SCORE 的方法逐一记录下来。故事在培训中的作用极大，可以作为抛情境的素材，也可以作为回答问题的参考，好的故事本身也有其背后思想的线索。一堂课下来，人们可能忘了讲师所讲的道理，却容易记住几个生动的故事，想起这几个故事，就能调出故事背后隐藏的道理。

在研讨班上，光引导业务骨干分享还不够，还可以进一步引导大家对所提出的问题找到一个相对优秀的答案。这个答案是诸多一线业务精英的实践经验的择优和综合，因为来自业务实践，所以具有比较普遍的适用性；因为来自业务精英，所以相对来说比较优质。这些答案也许不够系统和完善，但最大的好处是实用、有效。解决企业经营的实际问题，永远没有最好，只有更好。

业务永远都有先头部队。在组织能力提升中，最顺手的方式是利用最优秀的 20%的员工在实践中所获得的经验和智慧，带动另外 80%的普通员工前进。比如完成某项任务，优秀群体的平均水平是 80 分，而普通群体的水平只有 40 分，只要把优秀群体所胜出部分的一半能够转移到普通群体身上，普通群体就能达到 60 分的水平；而优秀群体在持续前进，他们的水平也在不断提高，当普通群体达到 60 分的时候，优秀群体也许已经达到 120 分的水准，再用同样的方式带动普通群体前进。

3. 研讨成果加工成课程

研讨班结束后，给课程开发小组留下很丰富的素材。接下来的任务就是把这些研讨的成果组织成课件，问题是现成的，答案也是集思广益的，至少搞个问答集总是可以的。十年前我就主持开发过一个《客户常见问题集锦》的销售工具，罗列了客户常问销售员的问题，每个问题都给出一个参考答案。这个参考答案是我组织当时业务精英们集思广益研讨出来的，虽然问题五花八门，看起来很凌乱不成体系，但确实比较实用。实用的未必有体系，体系化的也未必实用。

把研讨成果加工成课程，还需要读一些书，找到一些理论依据。理论指导加上最佳实践才相得益彰。我们都知道理论源自实践，又指导实践的道理，给最佳实践找到理论依据才更有说服力，才不会被人认为是局部适用的土办法；反过来，我们也可以根据理论按图索骥地寻找最佳实践，甚至可以按照理论指导创新性地开展工作，发展最佳实践。孔子讲："质胜文则野，文胜质则史。文质彬彬，然后君子。"最佳实践好比是质，理论指导好比是文，实践没有理论指导，显得像野路子，理论没有实践支撑，也显得空洞教条。

跟本书前面所讲的内容一样，有条件有能力梳理逻辑的话理出一个好的逻辑，能够注重表达形式的话，可以采取更好的表达形式，授课过程中能兼顾心电图和五星教学的话尽量兼顾，总之，开发组根据自己的实际情况能把课程做精致一些最好。万一情势所迫，条件不允许，简单堆积成1.0版也未尝不可。既然是解决企业实际问题的敏捷课程开发，那一定是效率第一，兼顾质量；实用第一，兼顾系统。收拾整理一番就可以粉墨登场了。

4．课堂也可以建构课程

接下来就可以开正式的培训班，上有课程的课了。自知长得丑就多擦点粉，敏捷开发的第一个版本一定要找课程开发小组中最有经验的讲师来讲，他的能力足以应对各种突发的情况。

上课过程一定要用五星教学法，充分组织学员研讨，听学员的反馈。就像阿吉里斯所说的那样，坚信学员给我们的会更多。我把五星教学称为培训领域的"吸星大法"，每堂课下来老师能搜集到很多很好的案例和其他素材。本书中列举的好多小案例都是我在上课过程中学员分享的。比如改变态度的故事、让人难忘的课程形式中，甚至有些学员分享的案例比我准备在课堂上举的例子还要精彩，所以我就把最经典的记录了下来，以备后续上课使用。后来发现其实每堂课都有精彩的故事，只有学员实在分享不出更好的故事时，我才会把以前课堂上收集的故事拿出来分享。用五星教学法，一堂课下来，老师往往是收获最大的。

课堂上，只要采用了五星教学法，老师就有机会发现学员真正关心的问题、真正的困惑和经常的误区，这就为进一步的课程优化提供了依据。课后，课程设计组也可以根据讲师与学员在课堂上交互的情况对课程进行进一步的优化。所以反复说：讲师在帮助学生建构知识的同时，学生也在帮助老师建构课程。

5. 课程不厌百回改

敏捷开发的核心思想是反复迭代，套用到课程开发上，那就是"形成课件-上课-收集意见-更新课件-再上课"，所以精品是磨出来的，在出精品之前，可以先做一个潦草一点的坯子再一点一点地打磨。

我们开发精品课程的过程中，每周都拆课。我们把派出的教授同一门课的所有讲师集中起来，用行动学习的方式，让大家分享自己在授课中遇到的挑战、应对的方法、从学员处得到的启发和搜集到的好案例，把其中优秀的内容和值得借鉴的经验再吸纳到课程中，对课程进行一次升级，然后要大家拿着升级的版本再去讲，坚持几次，课程就会完善得非常好。

《礼记·学记》里讲："教学相长，学然后知不足，教然后知困。知不足，然后能自反也；知困，然后能自强也。"什么叫做"教然后知困"？我认为，所谓的知困有两重含义，一是知道学员之所困，即授课过程中的难点；二是知道讲师自己之所困，包括课程设计的不足和讲师知识储备的不足。建构主义的课堂就是一个场，在这个知识的场上，讲师和学员都进行建构，讲师引导完成对学员思想建构的同时，学员也在不知不觉中帮助讲师建构课程。

文章不厌百回改。课程何尝不是？很多讲师把课程讲一遍两遍就厌倦了，再讲下去就产生了应付的心理，这样的精神和态度是很难开发出精品课程的。借古人的话说就是：用心躁焉。

6. 持续强化的评估和培训

最后还要回到源头，回顾当初开发课程的目的是什么？是为了解决实际问题。有哲人说：我们经常走得太远而忘记了当初为什么出发。课程倒是逐渐打磨好了，当初的问题有没有解决？这个问题不容回避，这就涉及一个命题：从培训到培养。

一堂课对人的改变是非常有限的，培训最容易陷入以课程为中心，上完拉倒，就像导演拍一部电影，他追求的是自己的电影给观众传播什么思想，而不关注观众思维模式和价值观的形成。而培养是要以学员为中心的，关注点在于学员有什么行为变化。人常说，十年树木，百年树人。人的变化是一个漫长的过程，至少需要较长的时间，多种形式的促进。关注到人的较长时间的培养，就成为培养项目，而不仅仅是课程开发。

在培养项目中，通常要采用多种手段，比如给学员有挑战性的工作、指定阅读相关书籍、指定师傅、轮岗、要求写实践报告等。从建构主义学习的观点看，人无时无刻不在学习，工作中学习和社会交往中学习才是学习的常态。

其中挑战性工作对一个人成长的贡献最大。我身边有不少优秀的朋友，他们在回忆对自己成长贡献最大的一段经历的时候，经常能想得起某段时间肩挑一副超出自己能力的重担，一开始手忙脚乱、勉力应付，到后来达到从容应对的状态。还表示这段经历对他的价值很大：不管是自信心、职业素养还是发展平台都有跨越式突破。

还有就是发展型社会关系对人成长的促进，GE公司曾经对三百多位高阶经理人进行过一项调查，其中90%的人认为对于他们工作上的成长贡献最大的是"曾在某处跟随某某人一起工作"。换言之，这些经理人认为，从直接主管身上所接受到的指导与训练才是他们成功的最重要因素。发展型关系对一个人的影响方式也是多方面的，亲密可信的社会关系对一个人的评价、反馈、诠释、支持都会影响其发展。班杜拉的社会学习理论表明：学习会自然发生，我们时刻都在观察和模仿周围人的言行，向他们学习。

促进员工快速发展最理想的措施应该是：先对其做全方位的反馈和特征评价，根据员工的特征及时给其适当挑战性的任务，用挑战性任务激发员工的潜能；同时又有积极有益的发展型关系及时给他们以反馈、支持、评价和鼓励；还有就是针对性的培训。就算是一门课程，如果学员没有完全掌握，就应该持续反复培训，直到学员掌握。

二、短平快的微课程

这年头，什么都兴"微"的，微信、微博、微电影、微创新、微行动学习。什么东西都变成微的，就简单、方便了。简单就容易实施，方便就可以随时实施。不需要太复杂的准备，不需要太高的门槛，随时可以进行！

> 微的可贵之处恰恰在于我说的：简单、有效、易复制。所以"微"有巨大的生命力。

1. 微学习将是常态

现代社会节奏很快、信息量巨大,人们很难抽出大段时间来不受打扰地学习,反倒是有很多碎片时间。便利之处在于,现在的移动终端功能巨大且随处可用,坐地铁的时候能不能学习?等人的时候能不能学习?茶余饭后能不能学习?当然能。

很多人现在利用微博组织学习,而且非常有效。我的好几位读者都在自发组织微博读书会,组织者在微博上指定一本最近畅销的书,鼓励大家同一段时间阅读,然后上传自己的读书心得,相互切磋,最后还能形成一个精美的文档发给大家。过程非常节约资源,却也能达到建构主义所提倡的质疑反思、意义协商的效果。

有朋友在微博上发起一个微调查,因为题目很引人注目,参与者颇多,不几天工夫收集了很多观点,更有热心的网友将这些观点进行了归纳整理,形成一个文字稿的结论。后来我点评说:这就叫主题学习,只要有一个吸引人眼球的主题,就能吸引感兴趣者参与,大家集思广益,仁者见仁,智者见智,最后有人归纳成文案再分享给大家,供众人建构。读者可以择其可信者而信之,可用者而用之,各取所需,各得其所。也不失为一种很好的学习方式。

微学习就要将系统化的知识肢解开来,形成碎片化的主题。只要是同一个领域的主题,就能吸引感兴趣的网友持续参与。在相互分享、相互辩论、相互补充中,每一个参与者都会有一份收获,而且很可能各不相同。古人讲:开卷有益。看似碎片化的知识很零散,实际上学习者自己会根据自己的价值观和经验对这些知识进行建构，分门别类地进行归纳和梳理。

著名教育心理学家梅耶提出 SOI 学习理念：S 是选择（Select），每个人都是选择性感受客观世界。O 是组织（Organization），感受完之后，还要把自己所感受的知识跟固有的知识和经验建立联系，组织在一起。I 是指整合（Integrate），最后把新知整合到自己的认知系统中去，才完成一个完整的学习过程。SOI 揭示了人们学习的自然过程，就像我们吃食物一样，每个人都会根据自己的胃口选择吃什么，吃进去之后要在胃里打碎，形成可以吸收的精微物质，并被转送到全身各处的细胞，通过物质交换进入细胞体内，之后就被整合为人体的一部分。碎片化知识被整合到人的知识网络也是同样的道理。

碎片化因为方式灵活、学习方便、便于学习者选择、吸收率高，非常符合现代人的生活方式和审美情趣，又有一定互联网的强力支撑，我认为它将是未来培训发展的一个趋势。

我非常认同 E-Learning 在未来培训中占有举足轻重的地位，但目前多数 E-Learning 课件却不能有效抓住人的眼球。E-Learning 最大的挑战就是如何保证学员自觉自愿地参与问题。有人甚至说：在课堂上尚且未必自觉学习，放在网上就更加不会参与了。我比较反对组织用强迫的行政手段逼学员学习，比如以应试为目的的 E-learning，学员在考试的压力下不得不去学习，但这并不代表 E-learning 课件的成功，成功的课件自身应该有魅力来吸引学员学习。

2．微课程也要五脏俱全

有微学习，就有微课程。据了解，微课程（Micro lecture）这个术语是由美国新墨西哥州圣胡安学院的高级教学设计师、学院在线服务经理戴维·彭罗斯（David Penrose）于2008年秋首度提出的。后来，戴维·彭罗斯被人们戏称为"一分钟教授"（The One Minute Professor），戴维·彭罗斯把微课程称为"知识脉冲"（Knowledge Burst）。

我认为，理想的微课程时间应该在10分钟左右，最好5分钟，极限为15分钟。在极短的时间内要给学习者留下很深的印象，要么思想深刻、要么形式新颖、要么感情共鸣……总之一定要有吸引力。

麻雀虽小，五脏俱全。一个几分钟的微课程，要对人有吸引力还是一件很不容易的事情。受时间限制，尽管微课程不可能像五星教学那样铺排开来，但从建构主义的思想来看，微课程的设计也要符合学习者认知的基本规律，伴随学习者走完思维的四大基本过程：感知、联想、评估、决策。我结合了建构主义教学思想、五星教学法则和自然学习法则，尝试提出了一个几分钟的微课程所必需的五个过程，也可以看做五大要素，下面分别予以解释。

意义

首先，任何人在决定参与某事之前，都要先捕捉一下其中的意义，麦肯锡的自然学习理论也主张先解决"Why"的问题。马扎诺认为学习过程中学员自我系统的第一步就是重要性检查（Examining importance），以决定个体是否愿意介入到某一个任务中去。每个人都有自己的价值观，并以自己的价值判断来做决策。微课程高度浓缩，所以一开始就要开宗明义阐明课程所要解决的问题，对学习者有什么意义。如果一个微课程开头一分钟没有抓住学员的注意力，那么学员中途退出的概率将超过一半。

体验

每个人都会用自己的方式去感受外部事物。释家讲：眼、耳、舌、鼻、身、意是人的六根，对应的色、声、香、味、触、法为六根所接触的六尘，六根接触六尘的过程就是一种感觉体验。服务经济非常强调客户体验，微课程也一样，设计者要精心设计和编排以回答"给学员何种体验"这个问题。这个环节，人们通常是用右脑接受信号的，设计者要考虑给学习者什么样的感官刺激，意外、冲突、生动、细节、搞笑等都是很好的感官刺激。感官刺激又能激发学员的联想，联想是大脑思维的重要方式，设计的微妙之处就在于给人留下联想的余地。

觉察

感官接触了诸多输入信息之后，学习者不禁要问自己一系列问题："这些景象跟我想象的经验一致吗？以前有没有类似的经历？发生的这一切意味着什么？"学习者把眼前感知的景象和自己信念系统中存储的景象，格式塔心理学称为"痕迹"进行匹配对比，觉察这些景象多意味着，人是无时无刻不在追寻意义的。如果学习者琢磨出来的意味跟自己原有的信念系统有强烈的共鸣或者强烈的反差，便会激起学习者的情绪反应。大量研究表明，情绪对学习者完成任务的动机影响极大。

判断

觉察的结果即是价值。意义是价值预期，体验是价值感受，觉察是价值梳理，学习者全程的参与过程都是基于价值判断的。最终，学习者还要得出一个价值结论。学习者会依据自己的价值观进行价值评估，如果说感受过程是学习者主要用右脑接受和处理输入信号，那么价值判断过程则是主要用左脑处理信号。课程设计者在这个环节就应该引导学习者推理、类比、比较、归纳、分析等多种思维都可以派上用场。

评价

最后还要再简单地总结一下：通过微课程的学习，学员学习到什么？总结出什么道理？对学员有什么借鉴意义。俗话说：编筐编篓，重在收口。过程中的感官刺激、激发学员反思内观、引导学员价值评估，最终的目的是得出一条可供借鉴的结论，这个结论以最终评价的形式体现出来。

态度教学就是要把思想或道理包装在情境中，最后由学员品味出其中的道理或思想。到评价环节，就是该翻底牌的时候了，微课程设计者再次强调结论，给学习者一个建议。

3. 碎片和体系

云学习是大势所趋。一时间，世界名校的网络公开课比比皆是。而这些公开课都有一个共同的特点就是很短小，多数长度在15分钟之内，一个微课程通常只讨论一个问题，这就大大降低了网络的流量负担，更重要的是方便人们随时学习。有等待客户的10分钟碎片时间，完全可以学一段EL课件。

有利必有弊，微课程固然为学习者带来了便利，但时间长了，人们会发现，这些碎片化的课程不能形成体系，就像大脑里散乱地收录了很多很有用的知识，学员自己不能有效整合应用。碎片化的学习对学习者自身的整合能力提出了挑战。

我们发现，系统化的面授和碎片化的强化相结合是一个非常有效的学习方法。面授的好处就是营造一个面对面相互建构的氛围，促动学员互相反馈和启发，促进个体间意义协商。拿建构主义的观点看，面授是无可替代的个体建构场。同时，众所周知，面授的当堂，学员的吸收和转化率并不高。如果把所有面授的授课过程切成小段，录制成EL小碎片课件，则大大方便了那些已经参加过面授的学员日后复习面授所学。因为他们事先在面授时基本掌握了课程的体系和框架，对整个课程有了整体的概念，所以，再听EL课件的时候，任选一段都不陌生。EL 能很有效地帮助学员巩固和强化所学。

三、从课程开发到培养项目

课程不等于能力，好课程是学员能力提升的必要，但绝对不是全部。课程是临时性的、短暂的过程，而人的学习是终生的、长期的。我们已经见过太多的让学员震撼，甚至热血沸腾的课程，却并没有成功地转换成学员的能力，只成为茶余饭后的谈资。从能力的角度看问题，课程的作用就显单薄，有必要先探讨一下学习的不同境界。

1．学习的境界

学习的终极目的是穷理致知，娴熟致用，要达到人们所期望的行为改变是需要一个漫长而复杂的过程的。学习者有一个从无意识不懂到意识到不懂，再到有意识学习，再到无意识反应的循环过程。对学习者而言，更需要戒骄戒躁、踏实用心，用心不同，效果差异很大。下面引用两个故事来阐释这个道理。

明代著名教育家刘元卿在他的《贤奕编·警喻》讲了一个故事。

> 楚人有习操舟者，其始折旋疾徐，惟舟师之是听。于

是小试洲渚之间，所向莫不如意，遂以为尽操舟之术。遽谢舟师，椎（同"槌"）鼓速进，亟犯大险，乃四顾胆落，坠桨失舵。然则以今日之危者，岂非前日之幸乎？

翻译成白话文：楚地有个学习驾船的人，开始的时候，掉头、转弯、快、慢，只听从船师傅的话。于是在江中岛屿之间小试身手，操纵无不得心应手，便以为学会了驾船的技术。马上就谢别了师傅，敲鼓驱船快进，突然碰到大的危险，就四处张望吓破了胆，桨坠江而舵失控。然而，这今天的危急，不就是前面的得意所造成的吗？

我们再看另一则故事，《史记·孔子世家》记载的故事。

孔子学鼓琴师襄子，十日不进。师襄子曰："可以益矣。"孔子曰："丘已习其曲矣，未得其数也。"有间，曰，"已习其数，可以益矣。"孔子曰："丘未得其志也。"有间，曰："已习其志，可以益矣。"孔子曰："丘未得其为人也。"有间，曰："有所穆然深思焉，有所怡然高望而远志焉。"曰："丘得其为人，默然而黑，几然而长，眼如望羊，如王四国，非文王其谁能为此也？"师襄子辟席再拜曰："师盖云《文王操》也。"

孔子向师襄子学琴，一首曲子学了十天还在弹，师襄子说："可以再弹新曲了。"孔子说："曲子虽然已经能弹下来，但还没能把握其中韵致规律和结构。"过了一段时间，师襄子又说："韵致已经把握，可以增加新曲了。"孔子说："可是我还没能得其心志。"又过了一段时间，师襄子说："志趣已得，现在可以学别的了。"孔子说："此曲志趣虽然已得，但我还没能完全进入他的心智境界，得其为人。"又过了一段时间，孔子神情俨然，仿佛进到新的境界：时而庄重穆然，若有所思，时而怡然高望，志意深远，终于，他说道："我找到他了，默然黝黑，顾然高大，目光深邃，心系苍生，王者气度，胸怀天下，除了文王，还能是谁呢？"师襄子听到后，赶紧起身再拜，答道："我的老师也认为这正是《文王操》呀。"

这两篇短文形成鲜明的对比。楚人学了点皮毛就以为掌握全局，骄傲自满，终究栽了大跟头。而孔子则刚好相反，凡事穷其理，求其真，终于达到常人所不能达到的造诣！一个知一当十，险些丢了性命；一个知十当一，学生超过了老师。学习的境界差别太大了！

课程开发的境界也与学习的境界一样，不能轻易满足，不能止步于阶段性的成绩。我个人经验甚至感觉：每讲一遍课都能发掘一两个课程可改进之处，课程不厌百回改。

2．培养项目的不同

讲师和培训机构都有一个愿望，就是希望所授课程能给学员带来变化，从而体现课程的价值。偏偏地，学习常常需要一个不短的过程，一次课程显然不足以实现学员的彻底改变，这一事实让很多人头疼。

> 一位培训公司的朋友向我请教："作为第三方机构，我们非常希望学员能够在实践中应用我们课程中的知识和技能，但这件事似乎很难，您有什么好的办法吗？"实际上，学员应用所授内容是所有老师的追求和荣耀，这个看上去不高的目标却并不容易实现。
>
> **我说**："'人能弘道，非道弘人'的道理你知道吗？"
>
> **朋友**："愿闻其详。"
>
> **我说**："讲师传授的内容是道，讲师授课就好比授予学员一把剑，或者给学员一件衣服。再好的剑、再华丽的衣服，学员自己不用就没有价值。只有学员真正使用你传授的剑、穿上你送的衣服，剑和衣服才会有价值。这就是'人能弘道，非道弘人'的道理。"
>
> **朋友若有所思**，说："你的意思就是创造条件让他们使用。"
>
> **我说**："对，开展各种形式的沙龙，让他们在一个现实的或虚拟的平台上聚会，要求聚会的时候佩戴和使用你的剑，穿上你送的衣服。戴久了、穿久了，他们就习惯了，喜欢上了，剑和衣服的价值自然就有了。所以，再好的知

识和技能，都需要学员把自己的能量注入其中，使用起来才有价值。"

人们自然而然能想到相对长期、系统、有效果的方式，做致力于绩效改进的培训。绩效改进是指寻找并确认工作绩效的不足和差距，查明差距产生的原因，制定并实施有针对性的改进计划和策略，不断提高竞争优势的过程。员工能力的不断提高及绩效的持续改进才是根本目的，而实现这一目的的途径就是绩效改进。绩效改进通常是项目化推进，我称之为培养项目。显然，培养项目更有针对性、更系统、更有效，具体有几个方面的优势。

让培训与业务开展及员工绩效关系更紧密

培养项目往往是业务驱动，从业务上找差距，分析差距背后的原因。当然原因往往是多方面的，而培养项目则更聚焦造成业务差距的能力因素。因为直面业务问题，所以业务部门主管参与的积极性就强，又因为培养的内容从业务实际分析得出，所以针对性就很强。这就让培训与业务开展及员工绩效关系更紧密。

实行多元化、系统化的长期培养

培养项目是一个一揽子解决方案，除面授外，还可以是轮岗、主题阅读、有任务的自学、经验分享、网络社区交流、沙龙等多种形式。周期比较长，最短也需要半年，长则一两年。多元化、系统化可以从多个方面促进学员掌握开展业务所需的必要技能，长周期则足以让学员完成从知到行的实质性转变。有一种说法：人们掌握一项技能至少需要强化21遍，周期至少三个月。

更加重视促进学习转换成绩效的共同促进圈子

互联网大大方便了各种圈子的形成，现在的微信可以方便地组群。有提升同一种能力诉求的人可以形成一个共同促进、社会协商的圈子，对每一个成员的成长都至关重要。社会心理学中有一个社会同化的概念，人们会形成一个相互影响的社会圈子，时间长了，圈子成员会相互促进转变，最后达成比较一致的共识，形成圈子文化。

长期的培养效果更可衡量

因为人的转变需要时间，所以一次课程很难衡量效果。而培养项目有了足够的时间周期，所以效果显然比较容易衡量，培养项目的针对性强也是效果容易衡量的另一个原因。培养项目通常很注重前测量和后测量，项目开展前有一个普遍水平的测量，完成后还有一个水平的测量，前后能力状况对比就能分析出培养项目的价值。当然，培养项目的主持者也可以在过程中不断测量，甚至可以更个性化、更有针对性地逼近培养目标。

3. 虚拟社区交流也是学习的重要途径

建构主义的观点认为，人时刻都在学习，甚至很多时候自己都意识不到自己在学习。而课堂上的学习只是更正规的学习而已，一个人身上绝大多数的知识和技能来自生活中而非课堂上：我们只要对自己过去的经历加以反思和总结，学习就发生了；只要观摩别人怎么做，自己依葫芦画瓢，学习就发生了；听别人讲故事，并和自己的经验比照联系，学习就发生了。而这些学习发生通常是潜移默化的，甚至学习者本人都没有觉察。

我说过，建构主义的课堂就是涮火锅，每个人都可以把自己关于某问题的见解分享出来，丢在"锅"里，也同样从"锅"里捞自认为有价值的东西，借助他人的反馈和信息来完成自己的建构。从这个意义上讲，跟一些高人随意聊天也是一种很好的学习方式，古人也有"听君一席话，胜读十年书"的感慨。

和有料的高人随意聊天当然有收获，美中不足的是，在随意聊天中所收获的知识也许不是当下最需要的和最关心的。为了解决这个问题，比较好的办法是限定问题或情境聊天。实际上，"世界咖啡"最初的发明就是这种有一定主题的随意聊天，后来发展成为一种行动学习的方法。而今天，互联网改变了人们的生活，让学习变得更方便。

今天微信已经成为一种很好的学习平台，一群相关的人在一起，只要有人发起一个话题，感兴趣的评论就一个跟一个地上来，各种声音和反馈都会有。通常的微信聊天经常会被突如其来的发言岔开引向其他话题，从而失去焦点。假如这种聊天中有一个主持人的角色，确保聚焦不被转移，并适当归纳，那么这种微信平台的交流就像一个建构主义的课堂。

有一位朋友拉我进他主持的教练技术交流群，每天他都会发布一些小的文章或评论，引导群友讨论，参与者互相影响，讨论很热烈，一会儿不见就有几十条新帖，久而久之，彼此都很熟悉，虽未谋面，却也竟像熟人一样。有一次在一个交流会上和一位朋友互换名片，彼此看到对方的姓名便哈哈大笑，因为在网上已经有很多次交流，内心里早已经是熟人，只是第一次见面而已。

  基于互联网的社区学习是一种必然的趋势，至于如何让这种形式更科学合理，效率更高，效果更好，更符合人类认知过程中的客观规律，可能需要一个在实践中逐步探索和总结的过程，虚拟社区对人们学习成长的贡献份额必将越来越大。

参考文献

[1] 田俊国. 上接战略,下接绩效:培训就该这样搞[M]. 北京:北京联合出版公司,2013.

[2] 阿吉里斯. 组织学习Ⅱ[M]. 姜文波,译. 北京:中国人民大学出版社,2011.

[3] 伍尔福克. 伍尔福克教育心理学[M]. 伍新春,赖丹凤,季娇,等,译. 北京:中国人民大学出版社,2012.

[4] 卡尼曼. 思考,快与慢[M]. 胡晓姣,李爱民,何梦莹,译. 北京:中信出版社,2012.

[5] 安德森,布卢姆教育目标分类学[M]. 蒋小平,译. 北京:外语教学与研究出版社,2009.

[6] 高文,徐斌艳,吴刚. 建构主义教育研究[M]. 北京:教育科学出版社,2008.

[7] 陈鼓应. 老子今注今译[M]. 北京:商务印书馆,2003.

[8] 盛群力,宋洵.走近五星教学[M]. 济南:山东教育出版社,2010.

[9] 斯滕伯格. 认知心理学[M]. 杨炳钧, 等, 译. 北京: 中国轻工业出版社, 2006.

[10] 契克森米哈赖. 生命的心流[M]. 陈秀娟, 译. 北京: 中信出版社, 2009.

[11] 李中莹. 重塑心灵——NLP 一门使人成功快乐的学问[M]. 北京: 世界图书出版公司, 2006.

[12] 迪尔茨, 从教练到唤醒者——NLP 人生成功宝典[M]. 黄学焦, 等, 译. 郑州: 河南人民出版社, 2009.

[13] 赵周, 这样读书就够了[M]. 北京: 中央广播电视大学出版社, 2012.

[14] 盛群力. 21 世纪教育目标新分类[M]. 杭州: 浙江教育出版社, 2008.

[15] 加涅. 教学设计原理[M]. 王小明, 等, 译. 上海: 华东师范大学出版社, 2007.

[16] 斯滕伯格, 威廉姆斯. 斯滕伯格教育心理学[M]. 姚梅林, 等, 译. 北京: 机械工业出版社, 2012.

[17] 伊例雷斯. 我们如何学习: 全视角学习理论[M]. 孙玫璐, 译. 北京: 教育科学出版社, 2010.

电子工业出版社世纪波公司相关好书

培训师资源库系列丛书

书　号	书　名	定价	著作者
978-7-121-21188-1	50种沟通活动及破冰练习	42	[美]彼得·R·加伯
978-7-121-20992-5	201种破冰方法：促进融合、活跃气氛与热身的有趣活动（上、下册）	88	[美]伊迪·韦斯特
978-7-121-20231-5	提升员工敬业度的50种活动	39	[美]彼得·R·加博
978-7-121-20015-1	领导力开发的50种活动（第2分册）	58	[美]洛伊丝·B·哈特 夏洛特·S·威斯曼
978-7-121-20121-9	提升个人演讲技巧的40个小故事	32	[美]罗斯·D·斯洛特 达里尔·S·多恩
978-7-121-19451-1	销售培训的50种活动	58	[美]菲利普·法瑞丝
978-7-121-19084-1	领导力开发的50种活动（第1分册）	42	[美]洛伊丝·B·哈特
978-7-121-18698-1	优质客户服务培训的25种活动	39	[美]彼得·R·加伯
978-7-121-18640-0	客户服务培训游戏	42	[美]佩吉·卡劳 瓦苏达·凯瑟琳·戴明

以上图书各大新华书店均有售，或按如下地址咨询：
北京世纪波文化发展有限公司（北京市万寿路南口金家村288号华信大厦）
邮编：100036　　电话：010-88254199　　E-mail：sjb@phei.com.cn